LEVEL TWO

RUSSIAN
Face to Face
Workbook

George W. Morris
St. Louis University High School
St. Louis, Missouri U.S.A.

Zita Dabars
Friends School
Baltimore, Maryland U.S.A.

Nadezhda I. Smirnova
A. S. Pushkin Institute of the Russian Language
Moscow, Russian Federation

Project Consultant:
Mark N. Vyatyutnev
A. S. Pushkin Institute of the Russian Language
Moscow, Russian Federation

Project Director:
Dan E. Davidson
American Council of Teachers of Russian and
Bryn Mawr College

National Textbook Company
NTC a division of *NTC Publishing Group* • Lincolnwood, Illinois USA

In association with the American Council of Teachers of Russian ▲CTR
and Russky Yazyk Publishers, Moscow, Russian Federation

Illustrations: Mikhail and Yelena Gitsov
Rebuses: Liliya L. Vokhmina

For instructions on how to solve rebus puzzles, see page 187.

Published by National Textbook Company in association with Russky Yazyk Publishers.
© 1995 by NTC Publishing Group, 4255 West Touhy Avenue,
Lincolnwood (Chicago), Illinois 60646-1975 U.S.A.,
and by Russky Yazyk Publishers, 1/5 Staropansky, Moscow, Russian Federation.
Manufactured in the United States of America.
5 6 7 8 9 0 VP 9 8 7 6 5 4 3 2

CONTENTS

УРОК 1 (Первый урок)

Давайте познакомимся!

УПРАЖНЕНИЕ 1.   (A1, A3, D1) Где они живут? Откуда они прилетели?

Джон живёт в Вашингтоне. Он прилетел из Вашингтона.

1.	Джон	живёт в	Атланте.	Он _____
2.	Катя	живут в	Балтиморе.	Она _____
3.	Ребята		Одессе.	Они _____
4.	Роберт		Петербурге.	Он _____
5.	Игорь		Сент-Луисе.	Он _____
6.	Дедушка		Иркутске.	Он _____
7.	Сейра		Чикаго.	Она _____
8.	Саша и Маша		Москве.	Они _____
9.	Джек и Дейв		Бостоне.	Они _____
10.	Спортсмены		Нью-Йорке.	Они _____

УПРАЖНЕНИЕ 2. (A1, D1) Где они́ бы́ли? Отку́да они́ прие́хали?

Ма́ма была́ в магази́не. Она́ прие́хала из магази́на.

1. Ма́ма   был   в столи́це.   Она́ _____

2. Тури́сты   была́   в ци́рке.   Они́ _____

3. Актёры   бы́ли   в музе́е.   Они́ _____

4. Оте́ц и сын   в магази́не.   Они́ _____

5. Ребя́та   в лесу́.   Они́ _____

6. Журнали́ст   в па́рке.   Он _____

7. Диплома́т   в апте́ке.   Он _____

8. Шко́льники   на конце́рте.   Они́ _____

9. Строи́тели   на стадио́не.   Они́ _____

10. Учи́тель   на экску́рсии.   Он _____

11. Учи́тельница   на ма́тче.   Она́ _____

УПРАЖНЕНИЕ 3. (A1) Choose elements from each column to form sentences. Then translate your Russian sentences into English.

Я вас встреча́ю. I am here to meet you.

Я	вас	встреча́ем.	1. Я	_____
Ты	тебя́	встреча́ет.	2. Ты	_____
Мы	нас	встреча́ю.	3. Мы	_____
Вы	меня́	встреча́ете.	4. Вы	_____
Он	его́	встреча́ешь.	5. Он	_____
Она́	её	встреча́ют.	6. Она́	_____
Они́	их		7. Они́	_____

УПРАЖНЕНИЕ 4. Oral exercise. Use words and phrases from each of these columns both to practice introducing people and to respond to an introduction.

— Бори́с, познако́мься, э́то моя́ сестра́ Джейн.
— Очень прия́тно. Рад познако́миться.

Бори́с,	познако́мься,	наш учи́тель.
Ири́на Петро́вна,	познако́мьтесь, э́то	на́ша учи́тельница.
Това́рищи,		моя́ сестра́ Джейн.
Са́ша,		Гали́на Влади́мировна.
Ребя́та,		ми́стер Ба́кли.
Ива́н Ива́нович,		ми́ссис Смит.
Джон,		шко́льники из Росси́и.
Мисс Блэк,		мой друг Юра.
Ми́стер Росс,		моя́ подру́га Сэ́ра из США.

Очень прия́тно.	Рад	познако́миться.
	Ра́да	
	Ра́ды	

УПРАЖНЕНИЕ 5. Pair nouns from the left-hand column with nouns from the right-hand column to form meaningful word combinations. Then give the English meaning of each of your pairs.

редáктор газéты   editor of a paper
кни́га учи́теля   teacher's book

редáкция	Пýшкина
учи́тель	телефóна
ýлица	урóка
столи́ца	подрýги
истóрия	штáта
текст	истóрии
урóк	Канáды
нóмер	мáмы
óкна	здáния
письмó	Ки́ева
музéй	журнáла
кварти́ра	рýсского языкá

УПРАЖНЕНИЕ 6. Чья э́то сýмка? Чья э́то кóмната? Чей э́то костю́м? Чья э́то пóчта?

УПРАЖНЕНИЕ 7. Circle the words listed below in this wordsearch:

П	Р	О	С	Т	О	С	Ш	А
О	Д	Е	С	С	А	В	З	П
З	Д	О	Р	О	В	О	П	Р
Н	О	С	А	Д	С	Т	Ч	И
А	А	О	Д	К	Т	К	А	Л
К	М	Н	С	Т	Р	У	С	Е
О	И	М	Р	И	Е	Д	И	Т
М	Ц	У	А	Й	Ч	А	Ж	Е
И	З	Д	А	В	А	Й	А	Т
Т	А	М	Е	Р	И	К	А	Ь
Ь	Н	Ч	И	К	А	Г	О	Т
С	А	Э	Р	О	П	О	Р	Т
Я	М	И	С	Т	Е	Р	О	Р

Clues

1. про́сто
2. США
3. Аме́рика
4. ми́стер
5. прилете́ть
6. из
7. рад
8. познако́миться
9. дава́й
10. отку́да
11. аэропо́рт
12. Оде́сса
13. здо́рово

УПРАЖНЕНИЕ 8.   Match the following sentence fragments to form complete sentences. There is one extra answer.

1. Здра́вствуйте, мы вас...

____ ...встре́тить вас.

2. Меня́ зову́т Оле́г. Я прие́хал...

____ ...встре́тимся.

3. Зна́чит, у́тром мы...

____ ...познако́мьтесь, пожа́луйста.

4. Анна и Ива́н,...

____ ...встреча́ем.

5. Спаси́бо, мы уже́...

____ ...познако́мься, э́то Ни́на.

6. Я Зинаи́да Влади́мировна,...

____ ...познако́мились.

7. Ге́на, ...

____ ...встреча́ю.

____ ...Я вас встреча́ю.

УПРАЖНЕНИЕ 9. Fill in the Russian words indicated by the English clues, and an important Russian phrase will appear in this puzzle.

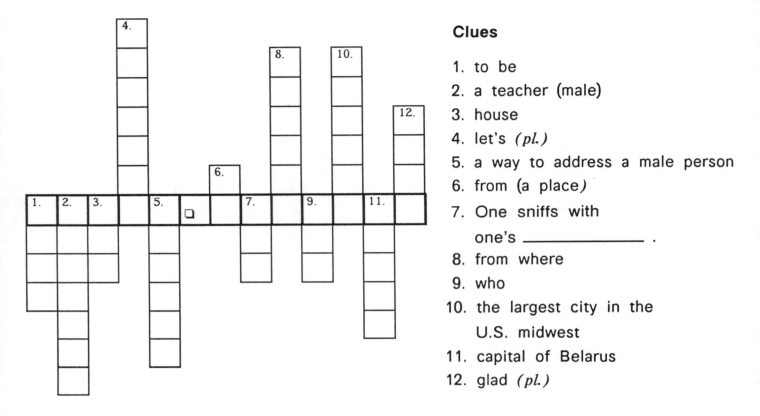

Clues

1. to be
2. a teacher (male)
3. house
4. let's *(pl.)*
5. a way to address a male person
6. from (a place*)*
7. One sniffs with
   one's _____ .
8. from where
9. who
10. the largest city in the
    U.S. midwest
11. capital of Belarus
12. glad *(pl.)*

УПРАЖНЕНИЕ 10. Answer the following questions on a separate sheet of paper, referring to sections A1 and B1 in the text.

Кто приéхал в Москвý? Откýда приéхали ребя́та? Кто их встречáл в аэропортý? С кем они́ познакóмились?

УПРАЖНЕНИЕ 11. Describe the picture below either orally or in writing on a separate sheet of paper.

УРОК 2 (Второй урок)

Будем на «ты».

УПРАЖНЕНИЕ 1. The following list contains imperfective verbs — whose future tense is formed with the verb **быть** — and perfective verbs, whose future tense is formed without **быть**. Fill in one example of the future tense for each verb in the appropriate column below.

встречáться, посмотрéть, встрéтиться, встрéтить, смотрéть, встречáть, увúдеть, повéрить, вúдеть, вéрить

Imperfective

Perfective

_____

_____

_____

_____

_____

_____

_____

_____

_____

_____

UPRAЖНЕНИЕ 2. Oral exercise. Combine elements from each column to form sentences expressing gladness about specific events and circumstances. Be sure that you understand each sentence.

Онú рáды, что поéдут в Москвý.

Я	рад,	что	мы	поéду/поéдешь/...	в Москвý.
Ты	рáда,		вы	вы́учу/вы́учишь/...	рýсский язы́к.
Он	рáды,		я	увúжу/увúдишь/...	Дúснейлэнд.
Онá			он	пойдý/пойдёшь/...	на концéрт.
Онú			ты	посмотрю́/посмóтришь/...	э́ту кнúгу по-рýсски.
Мáма			Оля	встрéчу/встрéтишь/...	нóвый фильм.
Бэ́тси			онú	прочитáю/прочитáешь/...	шкóльников из Москвы́.
Чарлз			Джон		

УПРАЖНЕНИЕ 3.   Combine these phrases to form sentences that express a sequence of events.

Когда́ иоечу в Москву́, я бу́ду смотре́ть ру́сские фи́льмы.

1. Когда́ я пое́ду в Москву́, ...   ___ ...я бу́ду иска́ть грибы́.
2. Когда́ я уви́жу тебя́, ...   ___ ...я пове́рю, что ты прилете́л.
3. Когда́ я встре́чусь с ва́ми, ...   ___ ...я бу́ду говори́ть то́лько по-ру́сски.
4. Когда́ я пойду́ в лес, ...   ___ ...я уже́ бу́ду знать, кто вы́играл матч.

УПРАЖНЕНИЕ 4.   Oral exercise. Use these words and phrases to form sentences. Change case and verb forms as necessary.

	среда́				реда́кция газе́ты «Неде́ля».
	вто́рник		пойти́	в	шко́ла.
В(о)	воскресе́нье	вы	пое́хать	на	Новоде́вичий монасты́рь.
	суббо́та				экску́рсия по го́роду.
	четве́рг				конце́рт.

УПРАЖНЕНИЕ 5. Use a form of пойти́ or пое́хать to react to each question, following the example.

— Вы уже́ бы́ли в Кремле́?
— Нет, за́втра пойдём/пое́дем.

1. — Вы уже́ бы́ли в Петербу́рге? _____

2. — Ири́на уже́ смотре́ла но́вый фильм? _____

3. — А́нна уже́ была́ в це́нтре го́рода? _____

4. — Вы уже́ встре́тили Ни́ну? _____

5. — Ваш учи́тель уже́ встре́тил гру́ппу из Филаде́льфии? _____

6. — Ребя́та уже́ бы́ли в музе́е? _____

УПРАЖНЕНИЕ 6. Complete these sentences, using the future tense of the perfective verbs **увидеть, посмотреть, поехать, встретить, пойти.** More than one verb may be appropriate for some sentences.

1. После экскурсии туристы _____ домой.

2. Я _____ этот фильм, когда у меня будет свободное время.

3. Я _____ вас завтра на стадионе?

4. Летом я _____ в горы.

5. Русские ребята _____ вечером в клуб.

6. Завтра мы _____ вас в метро и _____ в парк, ладно?

УПРАЖНЕНИЕ 7. Form sentences in the future tense describing where these people intend to go. Use personal pronouns.

У сына сегодня в школе концерт.
Он поедет в школу, на концерт.

1. Дочь написала, что уже завтра она будет в Москве.

_____

2. Саша и Борис хотели посмотреть старый, но интересный фильм.

_____

3. Завтра у студентов встреча в редакции газеты «Неделя».

_____

4. Туристы хотят посмотреть Кремль.

_____

5. Журналисту надо поехать в другой город.

_____

УПРАЖНЕНИЕ 8. Express gladness about the situations described below.

Вчера́ ты посмотре́л но́вый ру́сский фильм.
Я рад/ра́да, что посмотре́л но́вый ру́сский фильм.

1. Вы бы́ли в реда́кции журна́ла «Огонёк». У вас была́ встре́ча с реда́ктором журна́ла.

   _____

2. Вчера́ не́ было дождя́ и ты мно́го игра́л в те́ннис.

   _____

3. Роди́тели купи́ли но́вую япо́нскую видеока́меру.

   _____

4. Ве́чером была́ чуде́сная пого́да. Ты мно́го гуля́л в па́рке.

   _____

5. Ты был в Москве́ и сде́лал мно́го фотогра́фий.

   _____

6. Твой друг поступи́л в Га́рвардский университе́т.

   _____

УПРАЖНЕНИЕ 9. Answer these questions using the nouns in parentheses.

— Где ты жил в Вашингто́не?
— У дру́га.

1. — Где ты жи́л в Сент-Лу́исе? (де́душка) _____

2. — Где ты был у́тром? (врач) _____

3. — Где ты смотре́л телеви́зор? (сестра́) _____

4. — Где ты познако́мился с Серёжей? (учи́тельница) _____

5. — Где ты ви́дел э́тот журна́л? (тре́нер) _____

6. — Где ты был вчера́ ве́чером? (подру́га) _____

7. — Где ты слу́шал э́ту пласти́нку? (брат) _____

УПРАЖНЕНИЕ 10. Oral Exercise. Combine elements from the first two columns to make suggestions. Then accept or reject each suggestion using the phrases in the third column.

— Дава́й пойдём в кино́.

— Дава́й. / Спаси́бо, но мне на́до занима́ться. У меня́ за́втра экза́мен.

— Дава́й — Дава́йте	посмо́трим э́тот журна́л. говори́ть то́лько по-ру́сски. игра́ть в ка́рты. ку́пим моро́женое. пое́дем на экску́рсию. пойдём в цирк. познако́мимся.	— Дава́й. — Дава́йте. — Хорошо́. — Ла́дно. — С удово́льствием. — Спаси́бо, но...

УПРАЖНЕНИЕ 11.   Match each suggestion below with a picture.

a

b

c

1. — Дава́й игра́ть.   2. — Дава́й чита́ть.   3. — Дава́й познако́мимся.

УПРАЖНЕНИЕ 12. Wordsearch: find the ten American and Russian names hidden in this puzzle and circle them.

М	Т	И	Г	О	Р	Ь	Л	Е	В	Д
Е	Р	В	Г	Л	И	К	У	В	И	Ж
Л	А	У	Р	А	П	Э	М	О	Т	А
И	М	Е	А	Н	Л	Т	И	Д	А	Х
С	Е	Т	В	К	Р	Я	П	Ы	Л	А
С	И	Ф	А	С	В	Е	Т	А	И	Н
А	Н	Д	Р	Е	Й	И	Д	Ж	Е	К

УПРАЖНЕНИЕ 13. Find the words hidden in this puzzle, circle them, and then fill in the missing vowels in the word list.

```
п о з н а к о м ь с я ш и з
о д н а ж д ы в с ё с ы н в
й д к а к п у с т ь к о т ё
т е л е ц е н т р у а ч е з
и т и г р ц е р а в з н р д
ш и р о к о т е д и а е е н
з д о р о в о ч а д т у с ы
п о е х а т ь а л е ь ж н й
р е д а к ц и я ж т в е о й
о р е д а к т о р ь ж л е в
с у д о в о л ь с т в и е м
```

1. п _ з н _ к _ м ь с _
2. п _ й т _
3. _ д н _ ж д _
4. т _ л _ ц _ н т р
5. з д _ р _ в _
6. п _ _ х _ т ь
7. р _ д _ к ц _ _
8. р _ д _ к т _ р
9. п _ с т ь
10. ш _ р _ к _
11. в с т р _ ч _
12. с _ д _ в _ л ь с т в _ _ м
13. _ в _ д _ т ь
14. с к _ з _ т ь
15. н _ _ ж _ л _
16. _ н т _ р _ с н _
17. з в _ з д н _ _

УПРАЖНЕНИЕ 14. You have been asked to keep a daily journal in Russian while you are in Moscow. Describe on a separate sheet of paper:

1. Your first day in Moscow. Describe how you were greeted by students and teachers from your school. How did you introduce yourself to them? How did they introduce themselves to you? How did you find out who your exchange partner would be?

2. A day you spent in Moscow touring the city. What sights did you see, and which places did you visit? Whom did you meet? What did you do in the evening?

УПРАЖНЕНИЕ 15. Describe these calendar pages either orally or in writing on a separate sheet of paper.

УРОК 3 (Третий урок)

Кто тебе нравится?

УПРАЖНЕНИЕ 1.   (A1, D1) Oral exercise. Combine words from each column to describe people pictured below.

У Са́ши	большие	глаза́	и	дли́нные	во́лосы.
У Ната́ши	голубы́е			коро́ткие	
У И́горя	тёмные			кудря́вые	
У Све́ты	зелёные			прямы́е	
	се́рые			тёмные	
				све́тлые	

УПРАЖНЕНИЕ 2.   (A1, A4, D1) Oral exercise. Describe each of the people on page 18, choosing appropriate words from the lists below.

Cáша —	молодóй	человéк	с больши́ми	глазáми и	дли́нными	волосáми.
Натáша —		дéвушка	с голубы́ми		корóткими	
Игорь —			с тёмными		кудря́выми	
Свéта —			с зелёными		прямы́ми	
			с сéрыми		тёмными	
					свéтлыми	

УПРАЖНЕНИЕ 3.   Look at the pictures, and fill in the blanks to form adjectives. The first and the last two letters are given for you.

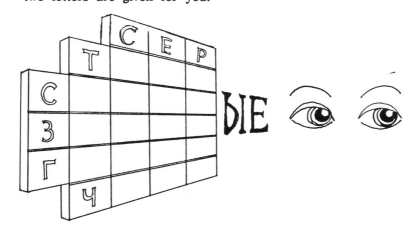

глазá с __ __ __ е, т __ __ __ __ е, с __ __ __ __ __ е,

з __ __ __ __ __ е, г __ __ __ __ е, ч __ __ __ __ е

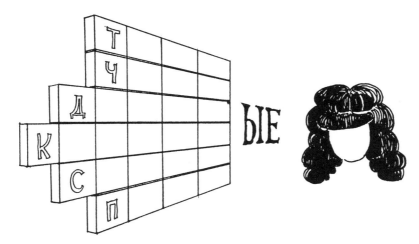

вóлосы т __ __ __ __ е, ч __ __ __ __ е, д __ __ __ __ е,

к __ __ __ __ __ е, с __ __ __ __ __ е , п __ __ __ __ е

УПРАЖНЕНИЕ 4.   (A1, A4, D1) Combine each pair of sentences into one sentence. Follow the example below.

Ири́на — высо́кая де́вушка. У неё све́тлые во́лосы и голубы́е глаза́.

Ири́на — высо́кая де́вушка со све́тлыми волоса́ми и голубы́ми глаза́ми.

1. Моя́ сестра́ — же́нщина сре́днего ро́ста. У неё дли́нные тёмные во́лосы и зелёные глаза́.

   _____

   _____

2. Наш тре́нер — стро́йный челове́к. У него́ тёмные кудря́вые во́лосы и се́рые глаза́.

   _____

   _____

3. На́ша ма́ма — по́лная же́нщина. У неё коро́ткие прямы́е во́лосы и больши́е голубы́е глаза́.

   _____

   _____

УПРАЖНЕНИЕ 5.   Someone who was robbed has given the police a description of the robber. On a separate piece of paper draw a wanted picture of him, based on the description below.

Лицо́	кру́глое, сму́глое
Во́лосы	коро́ткие, кудря́вые, тёмные
Глаза́	ма́ленькие, се́рые
Нос	прямо́й, небольшо́й
Рот	большо́й

УПРАЖНЕНИЕ 6.   (B5, D5) "Sasha resembles his mother." "The little girl looks like her father." Use the words below to write similar sentences on a separate sheet of paper, changing the endings when necessary.

Ма́льчик похо́ж на ма́му.

1. Ма́льчик   похо́ж на   па́па.
2. Де́вочка   ма́ма.
3. Де́ти   брат.
4. Ребя́та   сестра́.
5. Брат
6. Сестра́

УПРАЖНЕНИЕ 7. (B5, D5) Using the sentences you have written for exercise 6, write new sentences using такóй же to specify what physical features the people you have written about have in common. Follow the example, and make sure такóй же agrees in gender and number with the noun it modifies.

Мáльчик похóж на мáму: у негó такúе же глазá, такóй же рот.

...у негó	такóй же	рот.
...у неё		нос.
...у них		улы́бка.
		лицó.
		глазá.
		вóлосы.

1. _____

2. _____

3. _____

4. _____

5. _____

6. _____

УПРАЖНЕНИЕ 8. (B5, D5) Following the example below, explain why you think each person named does not resemble someone else.

— Это моя́ сестрá. Говоря́т, онá похóжа на меня́.
— А по-мóему, совсéм не похóжа. У неё другúе глазá, другóй нос.

1. Это мой отéц. Как по-твóему, я похóж на негó?

_____

_____

2. Это моя́ мать. Прáвда, мы похóжи?

_____

_____

3. Это моя́ подрýга. Как по-твóему, онá похóжа на Крис Эверт?

_____

_____

4. Это мой брат. Правда, он похож на папу?

_____

_____

5. Это мой дедушка. Как по-твоему, мы с ним похожи?

_____

_____

6. Это моя бабушка. Правда, мы с сестрой похожи на неё?

_____

_____

УПРАЖНЕНИЕ 9. Answer the following questions according to the example below.

— Тебе нравится бокс?
— Нет, совсем не нравится.
или:
— Да, очень нравится.

1. — Ты понимаешь, о чём они говорят?

_____

2. — Тебе нравится такая холодная погода?

_____

3. — Ты знаешь эту девочку?

_____

4. — Посмотри, Наташа и Юдит очень похожи.

_____

5. — Тебе нравится музыка «хеви метл»?

_____

6. — Вечером ты смотришь телевизор?

_____

УПРАЖНЕНИЕ 10. Complete the first line of each dialogue.

1. — Говоря́т, что _____

    — По-мо́ему, да. Смотри́, у Ната́ши таки́е же во́лосы, как у Ким Бе́ссинджер и тако́й же рот. Пра́вда, они́ о́чень похо́жи.

2. — Говоря́т, что _____

    — Я не ду́маю. Смотри́, как хорошо́ на у́лице. Со́лнце, не о́чень жа́рко. Нет, дождя́ не бу́дет.

3. — Говоря́т, что _____

    — Не мо́жет быть! На́ши ребя́та о́чень хорошо́ и мно́го гото́вились, они́ не мо́гут проигра́ть.

4. — Говоря́т, что _____

    — Как не пое́дем?! Я уже́ и биле́ты ви́дел, «Москва́ — Санкт-Петербу́рг», 23.15. Нет, э́то ты, мо́жет быть, пло́хо по́нял?

5. — Говоря́т, что _____

    — Неуже́ли? Я о́чень рад. Я никогда́ не ду́мал, что «Пинк Флойд» бу́дет выступа́ть в Москве́.

УПРАЖНЕНИЕ 11. Oral Exercise. (A1, D3) Скажи́те, кто с кем познако́мился? Кто их познако́мил?

Я познако́милась со шко́льниками из Москвы́. Нас познако́мил друг.

Я	познако́милась	со шко́льниками из Москвы́.
Мы	познако́мился	с де́вочкой из Яросла́вля.
Ты	познако́мились	с ребя́тами из Вашингто́на.
Мой брат		с журнали́стами из газе́ты «Труд».
Моя́ подру́га		с интере́сными спортсме́нами.
Мои́ друзья́		с ру́сскими арти́стами.
Нас	познако́мил	друг.
Вас	познако́мила	подру́га.
Их	познако́мили	друзья́.
Его́		учи́тель ру́сского языка́.
Её		Ми́ша.
Тебя́		Оле́г Петро́вич.

УПРАЖНЕНИЕ 12. Наташа разговаривает с братом Алёшей.
        Write in the necessary words.

Наташа: Алёша, завтра _____ в Москву _____
                              (will arrive /by plane)   (from Kiev)

          моя подруга Зоя, а я не могу её _____ .
                                                    (to meet)

          Ты _____ её? Она _____
                (will meet)   (will arrive /by plane)   (in my opinion)

          в три часа.

Алёша: Я могу её _____ , но я не знаю, какая она.
                              (to meet)

Наташа: Зоя _____ , _____
                  (not tall)   (with long, light, curly hair)

          и _____ .
                          (big blue eyes)

Алёша: Она _____ или _____ ?
                    (slender)   (stocky)

Наташа: _____ , _____ . Знаешь, она
              (In my opinion)   (stocky)

          очень _____ на Аллу Пугачёву: _____ ,
                  (looks like)   (the same eyes)

          как у Пугачёвой, _____ _____ .
                                 (the same nose)   (the same hair)

Алёша: Хорошо, я её _____ .
                              (will meet)

          Вечером разговаривают Наташа, Алёша и Зоя. В аэропорту Алёша не
          узнал Зою, а Зоя его узнала. Почему?
          Write in the necessary words.

Алёша: Наташа, ты сказала, что Зоя _____ , а
                                                    (heavy set)

          она _____ . У неё сейчас не _____
                    (slender)

          _____ волосы, а _____ .
                  (long)   (short)

          И она _____
                      (does not look like Alla Pugachova at all)

          _____ .
                      (her eyes are quite different)

Зоя: Да, я была _____ , а теперь нет. А вы,
                              (heavy-set)

          Алёша и Наташа, очень _____ .
                                          (look alike)

УПРАЖНЕНИЕ 13. Fill in the blanks vertically. Then guess the remaining letters to spell out an expression describing a person's size in the boxes running across.

Clues

1. nose
2. mouth
3. full, heavy-set
4. face
5. hair
6. dark
7. beard

УПРАЖНЕНИЕ 14. Fill in the missing adjectives.

УПРАЖНЕНИЕ 15. Find six words hidden in the puzzle below.

р о с т о т к у д а в а й т ё м н ы й

1. _____   2. _____   3. _____

4. _____   5. _____   6. _____

УПРАЖНЕНИЕ 16. Solve these rebuses.

1. _____

2. _____

3. _____

УПРАЖНЕНИЕ 17. Write a caption below each illustration.

_____   _____

_____   _____

_____   _____

УПРАЖНЕНИЕ 18. On a separate sheet of paper, write a letter to a Russian friend describing one of these situations.

1. Describe a boy or girl with whom you have become acquainted.

2. Your father's friend is planning to go to Russia next month. Describe his appearance, and say that he resembles a certain well-known performer.

3. Your Russian friend sent you some pictures of his/her family: father, mother, brother, little sister, and grandmother. Write about the pictures, discussing similarities and differences of appearance among the members of this family.

УПРАЖНЕНИЕ 19. (A3, D1) Bring in a picture of a family. On a separate sheet of paper describe the picture in writing and read your description aloud. Your classmates will verify that you are accurately describing the picture.

УПРАЖНЕНИЕ 20. Describe this picture either orally or in writing on a separate sheet of paper.

УРОК 4 (Четвёртый урок)

Я хотел бы быть смелым.

УПРАЖНЕНИЕ 1.   (A1) Oral exercise. Express agreement with each statement following the example below.

— Это что, значок?
— Да, наверное, это значок.

1. Это что, сувенир?
2. Это кто на фотографии, твой брат?
3. Это какой язык, китайский?
4. Это какой фотоаппарат, японский?

5. Это какая фирма, американская?
6. «Динамо» — это что, стадион?
7. Встреча где будет, в редакции?
8. Ребята куда пойдут, на концерт?

УПРАЖНЕНИЕ 2.   (A1, D3) React to these suggestions, following the example below.

— Я хочу познакомить тебя с Ниной.
— Я уже знаком с ней. / Мы уже знакомы.

1. Я хочу познакомить тебя с Игорем.

_____

2. Хочешь, я познакомлю тебя с Борисом?

_____

3. Давай, я познакомлю тебя с Таней и с Геной.

_____

4. Я хотел бы познакомить тебя с американскими школьниками.

_____

5. Хочешь познакомиться с русскими ребятами?

_____

УПРАЖНЕНИЕ 3.   (B1) Oral exercise. You and a classmate are choosing a present from among the items pictured below. Your classmate makes suggestions to which you respond in the negative.

— Как тебе нравится вон та ваза?
— Мне кажется, она слишком грубая.

Как тебе нравится	вон тот вон та	гитара? лампа? ракетка? книга? мяч? фотоаппарат? пластинка? шкатулка? картина?

Мне кажется, По-моему,	он она	слишком не очень	серьёзный/серьёзная. красивый/красивая. маленький/маленькая. тяжёлый/тяжёлая. интересный/интересная. дорогой/дорогая. большой/большая. скучный/скучная.

УПРАЖНЕНИЕ 4.   (B1, B5) Use the prefix не- to change these adjectives into their antonyms. Then give English equivalents of the words you have written.

1. честный _____   _____

2. серьёзный _____   _____

3. спортивный _____   _____

4. глупый _____   _____

5. скромный _____   _____

6. весёлый _____   _____

УПРАЖНЕНИЕ 5. (B1) Sometimes не- is a removable prefix, and at other times не- is an integral part of a word. Underline the words below in which не- is not a removable prefix.

Невысо́кий, неме́цкий, не́сколько, непра́вильно, неде́ля, неста́рый, нельзя́, нежа́рко, ненастоя́щий, некраси́вый

УПРАЖНЕНИЕ 6. (B1) List a positive and a negative trait for each of these professions, using the new words you have learned.

Profession	Positive traits	Negative traits
адвока́т	_____	_____
бизнесме́н	_____	_____
врач	_____	_____
журнали́ст	_____	_____
инжене́р	_____	_____
кло́ун	_____	_____
фе́рмер	_____	_____

УПРАЖНЕНИЕ 7. (B4, D1, D2) Combine elements from each column to make statements. Change the adjective endings as necessary.

Журнали́ст хоте́л бы быть тала́нтливым.

Мой брат	хоте́л(а) бы быть	сме́лый.
Моя́ сестра́		скро́мный.
Молодо́й челове́к		до́брый.
Же́нщина		весёлый.
Мужчи́на		спорти́вный.
Ма́льчик		бога́тый.
Де́вочка		серьёзный.
Бизнесме́н		у́мный.

1. _____

2. _____

3. _____

4. _____

5. _____

6. _____

7. _____

What traits would you like to possess?
Я хотéл/хотéла бы быть...

_____

_____

_____

_____

_____

_____

УПРАЖНЕНИЕ 8.   (D1) С кем вы хотéли бы познакóмиться и почемý? Напишúте три
отвéта.

Я хотéла бы познакóмиться с Тóмом Крýзом, потомý что он óчень красúвый.

1. _____

   _____

2. _____

   _____

3. _____

   _____

УПРАЖНЕНИЕ 9. (D1, D2) Write down three wishes: what would you like to be, to buy, and to become?

— Я хотéл бы быть сúльным, чéстным, богáтым.
— Я хотéл бы купúть мотоцúкл «я́маха».
— Я хотéл бы стать адвокáтом.

_____

_____

_____

_____

УПРАЖНЕНИЕ 10. Disagree with the opinions given. Follow the example below.

— По-мóему, Борúс слúшком серьёзный.
— Нет, мне кáжется, он не серьёзный. Он мóжет быть óчень весёлым.

1. — Ты не дýмаешь, что Антóн слúшком скýчный?

_____

2. — Я дýмаю, что Олéг слúшком грýбый.

_____

3. — Я слы́шал, что Ира слúшком жáдная.

_____

4. — Говоря́т, что Волóдя слúшком ленúвый.

_____

5. — Мне сказáли, что Лéна слúшком избалóванная.

_____

УПРАЖНЕНИЕ 11. Using the clues below, complete this puzzle and an additional adjective will appear. The first letters are given for you.

```
                    ┌───┐
                    │5. │
                    │ С │
                    ├───┤        ┌───┬───┐
                    │   │        │9.│10.│
                    │   │        │ З │ С │
        ┌───┐  ┌───┐├───┤┌───┬───┤├───┼───┤
        │1. │  │3. ││   ││6.│7.││   │   │
        │ Ч │  │ С ││   ││ Б │ В ││8.│   │
        ├───┤  ├───┤├───┼───┼───┼───┤│ Л ││   │
        │   │  │   ││4.│   │   │   │├───┤│   │
        │   │  │   ││ К │   │   │   ││   ││   │
        ├───┤  ├───┼───┼───┼───┼───┼───┼───┼───┤
        │   │  │2.│   │   │   │   │   │   │   │
        │   │  │ Ж │   │   │   │   │   │   │   │
```

Clues

1. Он всегда́ говори́т пра́вду. Он о́чень _____ .

2. Он никогда́ никому́ ничего́ не даёт, потому́ что он _____ .

3. Он настоя́щий спортсме́н. Реши́тельный и _____ .

4. Он о́чень _____ . Он похо́ж на Э́лвиса Пре́сли.

5. Он всегда́ невесёлый. Он сли́шком _____ .

6. У него́ уже́ мно́го де́нег. Он _____ .

7. Кло́ун был о́чень смешно́й и _____ .

8. Он совсе́м не лю́бит рабо́тать. Он _____ .

9. Он мно́го занима́ется спо́ртом, он о́чень _____ .

10. Этот расска́з совсе́м неинтере́сный. Я не хочу́ его́ чита́ть, потому́ что он

_____ .

УПРАЖНЕНИЕ 12. On a separate sheet of paper, describe a famous person's character traits and physical appearance. Read your description to your classmates, and see whether they can guess the name of the person you are describing.

УПРАЖНЕНИЕ 13. Describe the people in these pictures either orally or in writing on a separate sheet of paper.

УРОК 5 (Пятый урок)

Review of Lessons 1-4

The numbers in parentheses refer to chapters in the text where language functions and grammar were discussed and practiced.

УПРАЖНЕНИЕ 1.   (1) Combine nouns from the first and second columns to ask where someone/ something came from. Change the endings of the words in the second column as necessary. Then give the English equivalents of your sentences.

Поезд из Санкт-Петербурга?   Is this train from St. Petersburg?

1. туристы	из	Москва
2. бейсбольная команда		Канада
3. бизнесмены		Чикаго
4. самолёт		газета «Московские новости»
5. редактор		Россия
6. письмо		Нью-Йорк

1. _____

_____

2. _____

_____

3. _____

_____

4. _____

_____

5. _____

_____

6. _____

_____

УПРАЖНЕНИЕ 2.   Oral exercise. Following the example, combine appropriate words from each column. Change the endings of the words in the second column as necessary. Then give the English equivalents of your word combinations.

фотогра́фия из газе́ты   a photograph from a newspaper

1. объявле́ние	из	библиоте́ка
2. карти́на		газе́та
3. письмо́		лес
4. журна́л		музе́й
5. цветы́		парк
6. грибы́		гости́ница
7. кни́га		магази́н

УПРАЖНЕНИЕ 3.   (1, 2) Respond to each question below with a suggestion. Follow the example.

— Ты ещё не ви́дел фильм «Океа́н»?
— Нет. Дава́й за́втра пойдём в кино́.

1. Вы ещё не́ были на конце́рте рок-гру́ппы «Маши́на вре́мени»?

_____

2. Ты ещё не́ был в Коло́менском?

_____

3. Вы ещё не́ были на экску́рсии по го́роду?

_____

4. Ты так лю́бишь танцева́ть и ещё не́ был на дискоте́ке?

_____

5. Вы ещё не ви́дели телеце́нтр?

_____

6. Вы ещё не́ были в но́вом ци́рке?

_____

УПРАЖНЕНИЕ 4.   (1) Review the forms of мы and вы:

Nom.   Мы говорим по-русски.   А вы?

Gen.   У нас хорошая погода.   А _____ ?

Dat.   Нам здесь нравится.   А _____ ?

Accus. Нас показали по телевизору.   А _____ ?

Instr. С нами разговаривал журналист.   А _____ ?

Prep. О нас написали в газете.   А _____ ?

УПРАЖНЕНИЕ 5.   (2) Oral exercise. Combine words from each column to form sentences. Change forms as necessary.

Я хотела бы познакомиться с ними.

Я	хотеть бы	познакомиться с	вы
Ты			ты
Мы			мы
Вы			я
Он			она
Она			он
Они			они
Кто			кто

УПРАЖНЕНИЕ 6.   (2) Complete the prepositional phrase in each sentence.

А вон тот парень ничего. Я хотела бы познакомиться с ним.

1. Видишь вон ту девушку? Я хотел бы познакомиться с _____ (она).

2. Это мои родители. Познакомься с _____ (они).

3. Извини, мы, кажется, не знакомы. Можно познакомиться с _____ (ты)?

4. Вы наш новый учитель русского языка? Мы хотим познакомиться с _____ (вы).

5. Кто вон тот парень? Можно мне познакомиться с _____ (он)?

6. Кто эта девушка? Ты познакомишь её со _____ (я)?

УПРАЖНЕНИЕ 7. Insert the appropriate pronoun to complete these sentences.

1. У меня есть друг. _____ живёт в Волгограде. Конечно, я не могу часто видеть

_____ , но я пишу _____ письма, а _____ пишет _____ .

Я всегда думаю о _____ , хочу знать, как _____ живёт, какие у

_____ проблемы. Я верю, что летом мы с _____ встретимся.

2. Моя сестра ещё маленькая, _____ 7 лет, но _____ очень серьёзная и

хорошая девочка. Я люблю разговаривать и играть с _____ . Она уже хорошо

читает, и у _____ много книг. Вечером мы сидим вместе и я читаю _____

сказки. Когда спрашивают о сестре, я всегда говорю о _____ :

„У _____ очень хорошая и симпатичная сестра, и я очень люблю _____ “.

УПРАЖНЕНИЕ 8. (2) React to each situation by expressing gladness.

Your friend from Moscow has arrived in the U.S.
— Я рад/рада, что ты приехал в США.

1. You have become acquainted with the new girl from 9 B.

_____

2. Tomorrow will be Saturday.

_____

3. Your team has won.

_____

4. The weather is good.

_____

5. You saw a ballet in the Bolshoi Theater.

_____

6. The American students will go to Saint Petersburg.

_____

7. You have a new camera.

_____

УПРАЖНЕНИЕ 9.   (2) Indicate whether an action will be performed tomorrow — за́втра or is being performed now — сейча́с.

1. _____ мы пое́дем в Ки́ев.

2. _____ они́ пи́шут пи́сьма.

3. _____ Джон пока́зывает фотогра́фии.

4. О чём вы _____ расска́зываете?

5. _____ Анна пока́жет вам го́род.

6. _____ вы узна́ете исто́рию собо́ра.

7. Я уви́жу вас _____ на конце́рте.

УПРАЖНЕНИЕ 10.   For each dialogue below, fill in the blanks using the correct aspect of the verbs.

писа́ть/написа́ть

1. — Что ты вчера́ де́лал ве́чером?

   — Я _____ пи́сьма домо́й.

   — Ско́лько вре́мени ты _____ ?

   — 2 часа́. Когда́ я _____ их, я пошёл на по́чту.

учи́ть/вы́учить

2. — Вчера́ я три часа́ _____ слова́.

   — Я ду́маю, что ты сейча́с зна́ешь э́ти слова́.

   — Да, я их хорошо́ _____ .

повторять/повтори́ть

3. — На уро́ках мы ча́сто _____ ста́рые слова́ и те́ксты.

   Пра́вда, я не любли́ю _____ .

   Вот вчера́ я пло́хо _____ текст и пло́хо написа́л рабо́ту по грамма́тике.

читáть/прочитáть

4. — Чем вы занимáлись в воскресéнье?

— Мы _____ нóвые журнáлы.

— Вы _____ все журнáлы?

— Нет, конéчно, не все. Мы _____ тóлько вот э́ти два.

УПРАЖНЕНИЕ 11. (3, 4) Give antonyms for each of the following adjectives:

скýчный _____   кудря́вый _____

пóлный _____   тёмный _____

дли́нный _____

УПРАЖНЕНИЕ 12. Find the hidden adjectives and circle them:

1. п р ч е с т н ы й л у ш

2. с е р о б щ и т е л ь н ы й к о р з н

3. р ы с и м п а т и ч н ы й г о л к х

4. с а р а г р е с с и в н ы й я ц в и т

УПРАЖНЕНИЕ 13. (3) Oral exercise. Combine words from each column to form sentences. Change word forms as necessary.

У неё таки́е же вóлосы, как у Аллы.

У меня́	такóй же	рот,	как у	мáма.
У тебя́		нос,		пáпа.
У негó		глазá,		брат.
У неё		лицó,		сестрá.
У вас		вóлосы,		бáбушка.
У них		очки́,		дéдушка.
		бородá,		Алла.
		усы́,		
		фигýра,		

УПРАЖНЕНИЕ 14. (3, 4) Use the correct form of похо́ж or знако́м to complete these sentences.

1. — Ива́н, на кого́ ты _____ ?
   — На отца́.

2. Вы _____ ? Нет? Познако́мьтесь, пожа́луйста.

3. Зинаи́да _____ не на ма́му, а на ба́бушку.

4. Говоря́т, что ру́сские _____ на америка́нцев.

5. Мне ка́жется, мы с тобо́й уже́ _____ сто лет.

6. Эли́са, ты уже́ _____ с Ири́ной?

7. Этот па́рень совсе́м не _____ на спортсме́на. А он чемпио́н го́рода по гимна́стике.

8. Бори́с, ты _____ с Игорем?

УПРАЖНЕНИЕ 15. On a separate sheet of paper, answer the following questions choosing words from the columns on the right. Then, write your own question and answer.

— Где живёт ва́ша семья́?
— В Сент-Лу́исе.

1. Где живёт ва́ша семья́?	Балтимо́р	Калифо́рния
2. Куда́ вы пое́дете ле́том?	Каза́нь	Атла́нта
3. Отку́да вы получа́ете пи́сьма?	Флори́да	Санкт-Петербу́рг

УПРАЖНЕНИЕ 16. (3) Finish the sentences. Express a conclusion based on the information given.

Ко́стя лю́бит мо́ре. Он хоте́л бы быть капита́ном.

1. Лари́са лю́бит дете́й. Она́ хоте́ла бы быть _____

2. Борис хорошо рисует. Он хотел бы быть _____

_____ .

3. Светлана и её сестра играют в детском театре. Они хотели бы быть _____

_____ .

4. Игорь пишет музыку, играет на гитаре и на скрипке. Он хотел бы быть _____

_____ .

5. Мы с братом любим играть в теннис. Мы хотели бы быть настоящими _____

_____ .

6. Андрей — парень среднего роста. Он хотел бы быть _____

_____ .

УПРАЖНЕНИЕ 17. Your Russian-language newspaper will have a "personals" issue next month. Fill out this form, giving a clear description of yourself in Russian.

Имя (Name): _____

Возраст (Age): _____

Как я выгляжу: _____

_____

Какой у меня характер (Personal traits): _____

_____

_____

Что я люблю: _____

_____

_____

_____

Что я не люблю: _____

_____

_____

Какие люди мне нравятся: _____

_____

_____

Какие люди мне не нравятся: _____

_____

_____

С кем я хотел бы познакомиться: _____

_____

_____

УПРАЖНЕНИЕ 18. Vocabulary tic-tac-toe: Find the three words that have something in common. They may appear horizontally, vertically, or diagonally. Hint: look for parts of speech.

просто	выглядеть	парень
симпатичный	наверное	однажды
хотел бы	фигура	совсем

сказать	увидеть	поехать
нравиться	очки	тёмный
знаком	по-моему	светлый

давайте	пусть	короткий
из	с	на
волосы	дети	неужели

приехать	рады	мистер
прилететь	знакомы	миссис
городок	похожи	познакомься

УПРАЖНЕНИЕ 19. Solve these rebuses:

1. _____

2. _____

3. _____

4. _____

5. _____

УПРАЖНЕНИЕ 20. In each list, circle the word that does not belong with the others.

1. певи́ца, реда́ктор, вокза́л, учи́тель

2. лицо́, глаза́, нос, рот, па́рень

3. аэропо́рт, вокза́л, по́езд, ста́нция

4. зелёные, се́рые, прямы́е, голубы́е, све́тлые

5. рост, фигу́ра, улы́бка, встре́ча, борода́

УПРАЖНЕНИЕ 21. Solve the crossword puzzle.

УПРАЖНЕНИЕ 22. Melissa Wolfson has been in Moscow for a week already. She promised to send a letter by electronic mail to her classmates about her stay in Moscow. While writing the letter on the computer, she did something wrong, so the computer version is not completely legible! We have erased the illegible parts. Recreate what she wrote in the parts that are blank.

Моя́ пе́рвая неде́ля в Москве́

Мы прилете́ли в _____ в субб_____ . Я живу́ у _____ .

Она́ о́чень _____ : со све́тлыми _____ глаза́ми,

кудря́выми _____ , стро́йная. Мне ка́жется, она́ у́чится _____ ,

потому́ что хорошо́ _____ по-англи́йски.

Мы мно́го ви́дели в _____ , бы́ли _____ . Я мно́го _____

об исто́рии _____ . Вчера́ мы _____ .

Это нахо́дится _____ . Снача́ла мы _____ ,

пото́м _____ в _____ . Там бы́ло мно́го _____ .

Урок 6 (Шестой урок)

Как дойти до Красной площади?

УПРАЖНЕНИЕ 1. (A1) Oral exercise. You are planning to spend a day sightseeing in Moscow. Find out if the places you want to visit are nearby or far away from each other. Refer to the map of Moscow in your textbook for help.

— Завтра я буду на проспекте Калинина и хотел бы посмотреть Большой театр.
— Это далеко?
— Да, это далеко.
или:
— Нет, это рядом.

Завтра я буду...

1. ...на Красной площади и хотел бы посмотреть храм Василия Блаженного.
2. ...на улице Чехова и хотел бы сфотографировать памятник Пушкину.
3. ...на Театральной площади и хотел бы поехать в Новый цирк.
4. ...в Московском университете и хотел бы поехать в Коломенское.
5. ...на Пушкинской площади и хотел бы посмотреть фильм в кинотеатре «Россия».

УПРАЖНЕНИЕ 2. (A1, D2) Complete these sentences. Use the words in parentheses in their appropriate case forms.

Мы на площади Маяковского. Это недалеко от (Тверская улица).
Мы на площади Маяковского. Это недалеко от Тверской улицы.

1. Мы на станции «Университет». Это недалеко от (Московский университет).

_____

2. Мы в кинотеатре «Россия». Это недалеко от (памятник Пушкину).

_____

3. Мы в музее Чехова. Это недалеко от (американское посольство).

_____

4. Мы в Новом цирке. Это далеко от (центр города).

_____

5. Мы в Историческом музее. Это недалеко от (храм Василия Блаженного).

_____

УПРАЖНЕНИЕ 3. (A1, D2) A friend of yours is going to stay at the Hotel Rossiya in Moscow. Combine elements from the columns below, and use them in sentences to give your friend some information about the hotel's location.

Адрес: ул. Разина, д. 6.   Далеко от/до   Старого цирка

Рядом с (со)   Красной площадью   Нового цирка
                 храмом Василия Блаженного   Центрального стадиона
                 станцией метро «Китай-город»   Новодевичьего монастыря
                 Кремлём   Коломенского
                                                                    Московского университета
Недалеко от   Исторического музея
                 Большого театра
                 улицы Тверской
                 Театральной площади

Гостиница «Россия» находится на _____

_____

Это рядом с _____

Гостиница находится недалеко от _____

_____

От «России» далеко до _____

УПРАЖНЕНИЕ 4. (B2, D1, D3) On a separate sheet of paper, make sentences asking how to get to the places listed in column 2. Make sure that all place names are in the correct case forms.

Как доехать до   Красная площадь?
Как дойти до   Московский университет?
Как проехать в/на   Коломенское?
Как пройти в/на   американское посольство?
                     Новый Арбат?
                     музей Чехова?
                     Тверская улица?
                     Новодевичий монастырь?
                     Пушкинская площадь?
                     Исторический музей?
                     Дом книги?

УПРАЖНЕНИЕ 5. (B2, D1, D3) Imagine that you have just arrived in a small town where you will be living for some time, and you want to find out about it. You want to locate the стадио́н, кинотеа́тр, по́чта, библиоте́ка, универса́м, бассе́йн, and the апте́ка. Ask directions to five of these places. Vary your questions.

1. _____

2. _____

3. _____

4. _____

5. _____

6. _____

7. _____

УПРАЖНЕНИЕ 6. (D4) Oral exercise. Create short dialogues following the model. For the part of the first speaker, combine elements from the columns below. For the part of the second speaker you must reply that you have already been to the place mentioned or intend to go there. Vary your answers.

— Мы бы́ли сего́дня на Кра́сной пло́щади.
— Я то́же там был.
и́ли:
— Я то́же туда́ пойду́/пое́ду.

Мы бы́ли	сего́дня	в	Кра́сная пло́щадь.
Они́ бы́ли	вчера́	на	Но́вый Арба́т.
Ивано́вы бы́ли	у́тром		Истори́ческий музе́й.
Ка́тя была́	ве́чером		Кату́зовский проспе́кт.
	днём		Новоде́вичий монасты́рь.
	в воскресе́нье		Тверска́я у́лица.

УПРАЖНЕНИЕ 7. (A1, D6) Read these directions to places of interest in Moscow. Then write which way you prefer to go.

— До ста́рого ци́рка мо́жно дое́хать и на метро́ и на тролле́йбусе.
— Я лу́чше пое́ду на метро́.

1. До пло́щади Маяко́вского мо́жно дое́хать и на метро́ и на авто́бусе.

   _____

2. До кинотеа́тра «Росси́я» мо́жно дое́хать и на авто́бусе и на метро́.

   _____

3. До ста́нции «Университе́т» мо́жно дойти́ пешко́м и́ли дое́хать на трамва́е.

   _____

4. До Но́вого ци́рка мо́жно дое́хать и на метро́ и на тролле́йбусе.

   _____

УПРАЖНЕНИЕ 8. (B5, D7) Combine elements from each column to form sentences. Put the names in the appropriate case.

На Пу́шкинской пло́щади	стои́т па́мятник	Ли́нкольн.
На пло́щади Маяко́вского		Пётр I.
В Санкт-Петербу́рге		Маяко́вский.
В Вашингто́не		Пу́шкин.

1. _____

2. _____

3. _____

4. _____

УПРАЖНЕНИЕ 9. Find eighteen words and phrases from this lesson in the puzzle below. Circle them.

В	О	Р	О	Б	Ь	Ё	В	Ы	Г	О	Р	Ы	М	А
Л	А	А	Л	У	П	О	С	О	Л	Ь	С	Т	В	О
У	Е	М	Ю	Б	У	Л	Ь	В	А	Р	Ш	С	Т	И
Ч	Д	Ь	И	Е	Д	О	М	К	Н	И	Г	И	Р	Д
Ш	П	Е	Ш	К	О	М	А	Н	Т	Ч	Е	В	Я	Т
Е	А	М	Е	Т	Н	Е	Л	Р	О	Д	М	А	Д	И
В	М	У	Г	С	О	Н	Е	Д	А	Л	Е	К	О	В
С	Я	Д	Л	У	П	С	Л	Ы	Ш	А	Т	Ь	М	Г
Е	Т	У	Д	А	Р	К	О	В	Н	Ы	М	О	С	О
Г	Н	Е	Ч	П	Р	О	Х	О	Ж	И	Й	Ц	Е	С
О	И	К	И	З	В	Е	С	Т	Н	Ы	Й	У	С	Т
П	К	Е	Д	О	Е	Х	А	Т	Ь	М	Я	Н	О	И

УПРАЖНЕНИЕ 10. Oral Exercise. Где нахо́дятся бу́квы?
Use the prepositions в, на, с, о́коло, далеко́ от, ря́дом с.

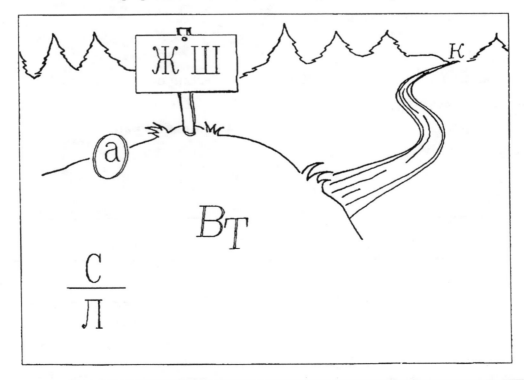

УПРАЖНЕНИЕ 11. Find six words hidden in this puzzle and write them down.

1. _____

2. _____

3. _____

4. _____

5. _____

6. _____

УПРАЖНЕНИЕ 12. Solve these rebuses:

1. _____   2. _____

3. _____

УПРАЖНЕНИЕ 13. Below is an entry from Robert's journal. He got stuck once in a while and left out some endings (and occasionally whole words). Fill in the blanks for him.

Сегодня я гулял по Москве. Сначала, конечно, я пошёл на Красную площадь. Ой, как мне нравится Красн_____ площадь! Там _____

_____ и Исторический музей.

Я сфотографировал их, конечно. Потом я хотел поехать в Новодевичий монастырь, но я не знал, где он находится. Я увидел симпатичного человека и сказал:

_____ Новодевич_____ монастырь рядом?

Он ответил:

— Нет, далеко. Можно _____ на _____

или на метро. На метро надо ехать _____

«Спортивная».

Я решил, что _____ на метро. От метро я шёл 5 минут.

Новодевич_____ монастырь очень старый и красивый. Там было очень интересно.

УПРАЖНЕНИЕ 14. Describe this picture either orally or in writing on a separate sheet of paper.

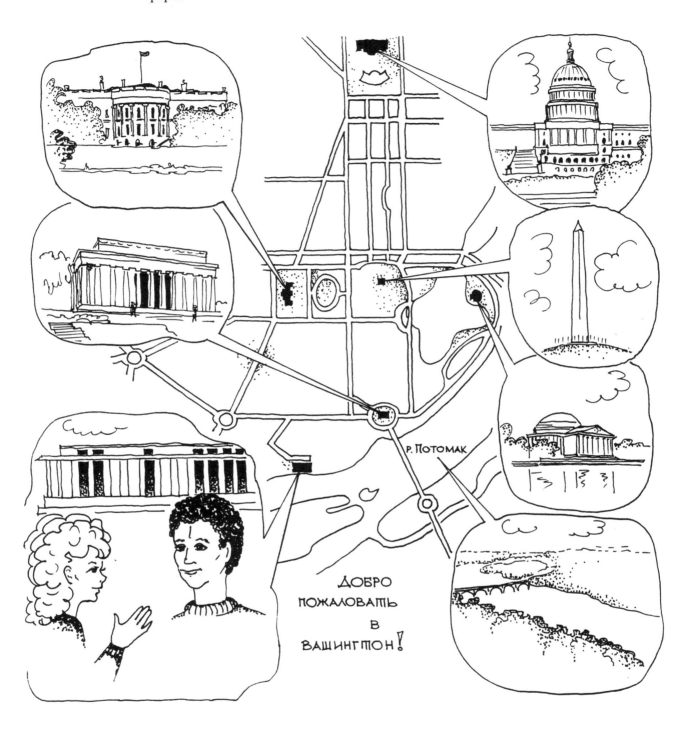

Урок 7 (Седьмой урок)

Повторите, пожалуйста.

УПРАЖНЕНИЕ 1.   (A1, D1) When a passerby gives you directions, you miss a crucial word. Ask the passerby to repeat the word you missed. Write down both your question and his/her answer.

— Магазин «Подарки» находится на Кутузовском проспекте.
— Простите, на каком проспекте? Повторите, пожалуйста.
— На Кутузовском проспекте.

1. — Кинотеатр «Россия» находится на Пушкинской площади.

_____

_____

2. — Хорошие магазины находятся на Тверской улице.

_____

_____

3. — Американское посольство находится рядом с Новым Арбатом.

_____

_____

4. — Новый цирк находится около метро «Университет».

_____

_____

5. — Большой театр находится на Театральной площади.

_____

_____

УПРАЖНЕНИЕ 2. (A1, B2) Combine elements from each column to give directions that match the signs given below.

↑ ← — Идите пря́мо, пото́м поверни́те нале́во.

Иди́те	пря́мо	пото́м поверни́те	наза́д.
	наза́д		нале́во.
	напра́во		напра́во.
	нале́во		

1. ↑ ↓ _____

2. ↓ → _____

3. → ↑ _____

4. ← ↑ _____

5. ↑ → _____

6. ← ↓ _____

7. → → _____

УПРАЖНЕНИЕ 3. Choose from the following locations to state where each action is occurring, using по + the dative case: бульва́р, у́лица, пло́щадь, го́род, парк, лес. Be prepared to give the English equivalent of each sentence.

1. Снача́ла Са́ша шёл _____ , а пото́м поверну́л напра́во и пошёл в сто́рону кинотеа́тра.

2. Мы е́хали _____ не бы́стро, потому́ что бы́ло сли́шком мно́го маши́н.

3. Ви́дите э́тот знак? Это зна́чит, что _____ е́хать нельзя́.

4. Мы не́сколько часо́в гуля́ли _____ ,
потому́ что была́ хоро́шая пого́да.

5. — Ты не зна́ешь, как дойти́ до до́ма, где живёт Ната́ша?

— Ты пойдёшь _____ , а пото́м повернёшь на у́лицу
Строи́телей. Её дом — № 36.

6. Когда́ мы е́хали _____ , мы всё вре́мя смотре́ли в окно́
авто́буса.

УПРАЖНЕ́НИЕ 4. (A1) Oral exercise. Combine elements from the columns below to ask directions and
to confirm or contradict them. Follow the example.

— Вокза́л в э́ту сто́рону?   и́ли:
— Да, в э́ту.   — Нет, в другу́ю.

Пу́шкинская пло́щадь   в э́ту сто́рону?   Да, в э́ту.
Куту́зовский проспе́кт   Нет, в другу́ю.
Центр го́рода
Река́

УПРАЖНЕ́НИЕ 5. (A1) Oral exercise. Combine elements from the columns below to create dialogues
following the example. The first speaker asks whether the places listed below are on
the side of the street that he or she is on. The second speaker answers in the
affirmative or the negative.

— Америка́нское посо́льство на э́той стороне́ у́лицы?   и́ли:
— Да, на э́той.   — Нет, на друго́й.

Гости́ница «Ко́смос»   на э́той стороне́ у́лицы?   Да, на э́той.
Апте́ка   Нет, на друго́й.
Ста́нция метро́
Кинотеа́тр «Мир»
Реда́кция газе́ты «Изве́стия»

УПРАЖНЕНИЕ 6. Choose from the following phrases to answer each question:
Да, в эту;   Да, на этой;   **Нет, на другой;**   or **Нет, в другую.**

1. — Американское посольство на этой стороне улицы? (Да)

_____

2. — Коломенское в эту сторону? (Нет)

_____

3. — Садовое кольцо в эту сторону? (Да)

_____

4. — Станция метро на этой стороне улицы? (Да)

_____

5. — Редакция газеты «Известия» на этой стороне улицы? (Нет)

_____

6. — Аэропорт в эту сторону? (Нет)

_____

7. — Пушкинская площадь в эту сторону? (Да)

_____

8. — Дом книги на этой стороне улицы? (Нет)

_____

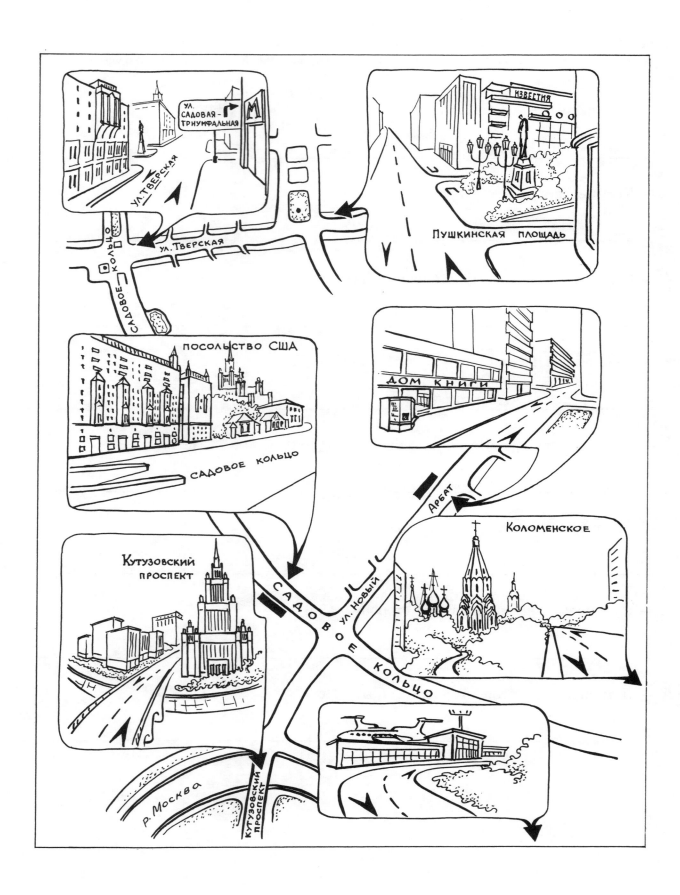

УПРАЖНЕНИЕ 7.   (A5) Oral exercise. You have to get from Red Square to the places listed below. Referring to the map on page 58, ask for directions to each place. Use the appropriate verb of motion, keeping in mind whether you can walk or must use transportation to any given place.

Мне на́до в бассе́йн «Олимпи́йский». Как туда́ прое́хать?

Мне на́до	в Америка́нское посо́льство	Как туда́	пройти́?
Нам на́до	в Дом кни́ги		прое́хать?
	в аэропо́рт		дойти́?
	в реда́кцию газе́ты «Изве́стия»		дое́хать?
	на Куту́зовский проспе́кт.		
	на Арба́т.		
	на Пу́шкинскую пло́щадь		

УПРАЖНЕНИЕ 8.   (A5) For each situation given below, say where you would like to go, and ask for directions.

У вас есть биле́ты на футбо́льный матч на Центра́льном стадио́не.
— Мне на́до на Центра́льный стадио́н. Как туда́ дое́хать?

1. Вам на́до купи́ть конве́рты.

_____

2. У вас встре́ча с дру́гом в Большо́м теа́тре.

_____

3. Вы идёте к подру́ге, кото́рая живёт на Куту́зовском проспе́кте.

_____

4. Вы хоти́те купи́ть пласти́нки в магази́не «Мело́дия».

_____

5. У вас есть биле́ты в кинотеа́тр «Росси́я».

_____

УПРАЖНЕНИЕ 9. (А5) Below is a list of destinations with illustrations showing how to reach them. On a separate sheet of paper write dialogues in which one person asks how far each place is and the other explains how to get there.

— Мне на́до на Кра́сную пло́щадь. Это далеко́?
— Далеко́. На́до е́хать на метро́.
— Нет, не далеко́. Мо́жно дойти́ пешко́м.

КутУ́зовский проспе́кт   Коло́менское
Но́вый Арба́т   Воробьёвые го́ры
Америка́нское посо́льство   Истори́ческий музе́й
Пу́шкинская пло́щадь

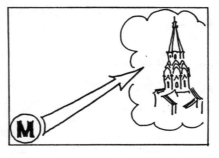

УПРАЖНЕНИЕ 10. Match the elements below to form complete sentences. There is one extra answer.

1. Красная площадь —

2. Спартак —

3. Ростропович —

4. Нью-Йорк —

5. Бостон —

6. Чайковский —

_____ ...один из самых красивых городов.

_____ ...один из самых больших городов.

_____ ...одна из самых красивых площадей Москвы.

_____ ...одна из самых известных команд по футболу.

_____ ...один из самых популярных композиторов.

_____ ...один из самых известных музыкантов.

_____ ...одна из лучших опер.

УПРАЖНЕНИЕ 11. (D1) Following the example, complete these instructions using various imperatives.

Читайте текст!

1. _____ упражнение!

2. _____ диалог!

3. _____ новые слова!

4. _____ стихотворение!

5. _____ на доске!

6. _____ в тетради!

УПРАЖНЕНИЕ 12. Vocabulary tic-tac-toe: Find three words that have something in common. They may appear horizontally, vertically, or diagonally.

гамбургер	повторите	назад
картофель-фри	простите	тысяча
молочный коктейль	фигура	повернуть

Hint: Где мы бу́дем жить в Москве́?

«Москва́»	МГУ	Центра́льный телегра́ф
Центра́льный стадио́н	«Интури́ст»	Па́мятник Пу́шкину
ГУМ	«Росси́я»	«Ко́смос»

УПРАЖНЕНИЕ 13. Find seven separate words in this chain of letters and write them in the spaces provided.

в х о д а л е к о к о л о с т а н о в к а к о н к у р с в е т л ы й

1. _____   5. _____

2. _____   6. _____

3. _____   7. _____

4. _____

УПРАЖНЕНИЕ 14. Solve the crossword.

УПРАЖНЕНИЕ 15. Jack's brother, Kyle, is coming to visit Jack in Moscow. Kyle has studied a little Russian and he asked Jack to write down some phrases he might need to know in Moscow. Jack has started a list. Add about ten other expressions to it.

Как проéхать в цирк? Где туалéт?

_____   _____

_____   _____

_____   _____

_____   _____

_____   _____

УПРАЖНЕНИЕ 16. Describe the picture below either orally or in writing on a separate sheet of paper.

Урок 8 (Восьмой урок)

Идём в гости.

УПРАЖНЕНИЕ 1.   Oral exercise. Кто что обещал сделать? Change forms as necessary.

Учитель обещал принести открытки.

1.	Учитель	обещать	принести	подарок.
2.	Учительница		показать	цветы.
3.	Родители		купить	русская газета.
4.	Школьники			конфеты.
5.	Журналист			открытки.
6.	Мой брат			видеофильм.
7.	Моя сестра			значки.

УПРАЖНЕНИЕ 2.   (A1) Что они обещали сделать?

Продавец: „Сейчас я принесу другой фотоаппарат".
Продавец обещал принести другой фотоаппарат.

1. Папа: „Хорошо, я принесу розы".

_____

2. Мама: „Ладно, я сделаю торт".

_____

3. Брат: „Я куплю билеты в кино".

_____

4. Друг: „Я встре́чу вас у вхо́да в метро́“.

_____

5. Журнали́ст: „Я покажу́ вам ру́сские газе́ты“.

_____

6. Ру́сский шко́льник: „Когда́ ты прие́дешь в Москву́, я познако́млю тебя́ с роди́те-
лями“.

_____

7. Учи́тель: „Я расскажу́ вам об исто́рии Москвы́“.

_____

УПРАЖНЕНИЕ 3. (D1) У Ната́ши день рожде́ния в суббо́ту. В пя́тницу по́сле шко́лы
ребя́та разгова́ривают и реша́ют, кто что принесёт. Что они́ реши́ли?

Ко́стя: цветы́
Ребя́та реши́ли, что Ко́стя принесёт цветы́.

1. Ко́ля: кассе́ты с му́зыкой

_____

2. Ле́на и Ира: пласти́нки

_____

3. Ма́ша: фотоаппара́т

_____

4. Са́ша: сок

_____

5. Анто́н: магнитофо́н

_____

УПРАЖНЕНИЕ 4. (A5, D4) On a separate sheet of paper, combine words from each column to form sentences. Change forms as necessary.

Са́ша пригласи́л Ро́бина Да́уни в го́сти.

1.	Са́ша	пригласи́ть	Джейк	на	экску́рсия.
2.	Серёжа		Скотт	в	встре́чу в шко́ле.
3.	Ка́тя		Ли́нда Бра́ун		ве́чер в клу́бе.
4.	Ма́ша и Воло́дя		Сью́зен Ба́тман		кафе́.
5.	Дени́с		Паме́ла Ли		го́сти.

УПРАЖНЕНИЕ 5. (A5) Кто кого́ куда́ пригласи́л?

Игорь: Ни́на, у меня́ есть биле́ты в теа́тр. Хо́чешь пойти́?
Ни́на: Спаси́бо, коне́чно. С удово́льствием.

Игорь пригласи́л Ни́ну в теа́тр.

1. Анто́н: Сейча́с в ци́рке хоро́шая програ́мма. Хо́чешь пойти́?
   Ната́ша: Коне́чно, хочу́. Спаси́бо.

   _____

2. Ученики́: Ве́ра Петро́вна, у нас сего́дня в шко́ле спекта́кль. Хоти́те пойти́?
   Учи́тельница: Большо́е спаси́бо, ребя́та. С удово́льствием.

   _____

3. Та́ня: У нас в го́роде интере́сный музе́й. Хо́чешь, пойдём туда́?
   Джейн: Коне́чно, э́то о́чень интере́сно.

   _____

4. Денис: Завтра у меня день рождения. Будут все ребята. Ты придёшь?
   Никита: Обязательно приду. Спасибо, Денис.

   _____

5. Ребята: Пэм, пойдём с нами на дискотеку. Там будет играть хорошая группа.
   Пэм: Давайте. А где будет дискотека?

   _____

6. Света: Хочешь пойти со мной на концерт рок-группы?
   Линда: Вот здорово! Конечно, хочу.

   _____

УПРАЖНЕНИЕ 6. (A1, D3) Скажите, куда они идут или едут? Change forms as necessary.

Бабушка едет к врачу в поликлинику.

1.	Бабушка	идти	к	врач	на	дом.
2.	Мама	ехать		тренер	в	стадион.
3.	Кирилл			подруга		поликлиника.
4.	Оля с мамой			учитель		гости.
5.	Ребята					школа.

1. _____

2. _____

3. _____

4. _____

5. _____

УПРАЖНЕНИЕ 7. (D4) Fill in the blanks using the correct form of each name or pronoun.

1. a. Ка́тя Богатова пригласи́ла _____
   на день рожде́ния.   (Ро́берт Хи́лвуд и Эли́са Кайт)

   b. Ро́берт и Эли́са обеща́ли прийти́ к _____ .
                                          (Ка́тя Бога́това)

   c. Ве́чером Ро́берт и Эли́са бы́ли у _____ .
                                          (Ка́тя Бога́това)

2. a. Сет Хо́фман пригласи́л _____
   на день рожде́ния.   (Ви́тя Бересто́в и Игорь Ершо́в)

   b. Ви́тя и Игорь пришли́ к _____ .
                                    (Сет Хо́фман)

   c. Им о́чень понра́вилось у _____ .
                                    (Сет Хо́фман)

3. a. Когда́ у _____ был день рожде́ния,
                  (Све́та Игна́това)

   она́ пригласи́ла _____ .
                    (Пэм Бру́кман и Джаха́н Фо́ули)

   b. Пэм и Джаха́н пришли́ к _____ .
                                  (Све́та Игна́това)

   c. Они́ бы́ли у _____ три часа́.
                    (Све́та Игна́това)

4. a. Ка́тя Бога́това пригласи́ла _____
   на день рожде́ния.   (я и вы)

   b. Ро́берт и Эли́са обеща́ли прийти́ ко _____ .
                                          (я)

   c. Ве́чером Ро́берт и Эли́са бы́ли у _____ .
                                          (мы)

УПРАЖНЕНИЕ 8. (D2) Fill in the blanks with the prefixes по- or при- as appropriate.

1. Вчера́ к нам _____ехал де́душка. Утром мы с ним _____шли́ в парк гуля́ть с
   соба́кой, а пото́м я _____шёл в шко́лу. Когда́ я _____шёл из шко́лы домо́й,
   де́душка приготовил мне настоя́щие блины́.

2. Сего́дня у меня́ день рожде́ния. Утром я _____шла́ в магази́н и купи́ла всё, что
   на́до: торт, шокола́д, конфе́ты. Ве́чером ко мне _____шли́ друзья́ и _____несли́
   мно́го цвето́в и пода́рков.

УПРАЖНЕНИЕ 9.   (A1) Oral exercise. You cannot always arrive on time, no matter how hard you try. Combine elements from each column to inquire about and explain someone's tardiness.

— Почему́ она́ опозда́ла на трениро́вку?
— Потому́ что разгова́ривала по телефо́ну.

Почему́	ты	опозда́ть	на	бале́т?	Потому́ что	не́ было такси́.
	вы		в	спекта́кль?		на у́лице мно́го сне́га.
	он			го́сти?		прие́хали го́сти.
	она́			трениро́вка?		опозда́л авто́бус.
	они́			рабо́та?		был у врача́.
				уро́к?		разгова́ривала по телефо́ну.

УПРАЖНЕНИЕ 10.   (B2, B4) On a separate sheet of paper combine words from each column to begin sentences. Finish them by suggesting gifts. Write three additional sentences using names of your classmates.

Они́ пода́рят Ли́нде альбо́м с ви́дами Москвы́.

		кому́?	что?
Я	пода́рят	дру́гу	
Ты	подарю́	подру́ге	
Он	пода́рим	учи́телю	
Она́	пода́рит	учи́тельнице	
Мы	пода́ришь	Джéку	
Вы	пода́рите	Сéйре	
Они́		друзья́м	

УПРАЖНЕНИЕ 11.   (B5) Кто что пода́рит Ка́те на день рожде́ния?

Подру́га купи́ла япо́нские ма́рки.
Подру́га пода́рит Ка́те япо́нские ма́рки.

1. Ната́ша купи́ла кни́гу.

_____

2. И́горь сде́лал краси́вый альбо́м.

_____

3. Лéна приготóвила торт.

_____

4. Брат и сестрá сдéлали хорóшие фотогрáфии.

_____

5. Ира купи́ла крáсную сýмку.

_____

УПРАЖНЕНИЕ 12. Fill in the blanks, choosing from among these prepositions: в, на, о, к, с, у, от.

Зáвтра _____ Натáши день рождéния. Мы _____ Антóном реши́ли подари́ть ей альбóм.

_____ срéду мы пошли́ _____ магази́н. _____ магази́не _____ плóщади Побéды бы́ло

мнóго альбóмов. Мы купи́ли большóй и краси́вый альбóм с ви́дами Пари́жа. _____

суббóту мы пошли́ _____ Натáше. Онá живёт недалекó _____ цéнтра. _____ Натáши

бы́ли все нáши ребя́та. _____ воскресéнье мы _____ Антóном мнóго говори́ли _____

дне рождéния, _____ Натáше, _____ мýзыке.

УПРАЖНЕНИЕ 13. Fill in the blanks with words related to food and gifts. The first and last letters of each word are given.

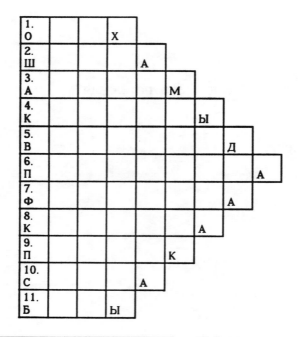

УПРАЖНЕНИЕ 14. Fill in the blanks with names of flowers.

ACROSS

3. gladiolus
4. rose
5. chrysanthemum
6. camomile

DOWN

1. cornflower
2. lily
3. carnation

УПРАЖНЕНИЕ 15. Solve these rebuses:

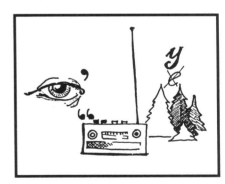

1. _____

2. _____

3. _____

4. _____

5. _____

УПРАЖНЕНИЕ 16. Find nine words in the chain of letters and write them in the spaces provided.

1. _____

2. _____

3. _____

4. _____

5. _____

6. _____

7. _____

8. _____

9. _____

УПРАЖНЕНИЕ 17. Solve this puzzle:

УПРАЖНЕНИЕ 18. Below is the shopping list that Pam and Katya made for their party.

Список

1. лимонад
2. копчёная рыба
3. минеральная вода
4. торт
5. морковь
6. свёкла
7. огурцы
8. печенье
9. сметана

Katya's mother added some additional items. What do you think they were?

_____ _____ _____ _____

_____ _____ _____ _____

What would you add?

_____ _____ _____ _____

_____ _____ _____ _____

УПРАЖНЕНИЕ 19. While Katya was at the store, Pam started a letter to her Russian teacher. There were a number of places where she got stuck, and she left those places blank. Fill in the blanks for her.

Ой, какой интересный день! Сегодня у Кати Богатовой был _____
(birthday)

_____ . Мы поехали _____
(to her place)

в семь часов. Она живёт недалеко от _____
(Pushkin Square)

_____ . Ребята подарили _____
(to her)

самова́р, шокола́д, ма́йку и _____ .
(music cassette)

И ещё _____ цветы́.
(brought)

К сожале́нию, Ге́на и Мели́сса _____ . У Ге́ны была́
(were late)

трениро́вка, потому́ что за́втра у него́ бу́дет матч. А Мели́сса _____ ,
(was late)

потому́ что у неё была́ встре́ча с подру́гой.

Но сейча́с мне на́до рабо́тать. За́втра я ещё напишу́.

УПРАЖНЕНИЕ 20. Describe this picture either orally or in writing on a separate sheet of paper.

Урок 9 (Девятый урок)

С днём рождения!

УПРАЖНЕНИЕ 1. (A1) Oral exercise. Как вы думаете, какие подарки они принесли? Change forms as necessary.

Вера пришла к подруге и принесла ей бусы.

1.	Вера пришла к подруге	и	принести	он	майка.
2.	Наташа пришла к Виктору			она	пластинки.
3.	Дима пришёл к другу				серьги.
4.	Школьники пришли к учительнице				словарь.
5.	Ребята пришли к тренеру				цветы.
6.	Майкл и Джанет пришли к Сьюзен				орехи.

УПРАЖНЕНИЕ 2. (D2) After Christmas, friends gather to show each other their gifts. Read what presents they were given, and write what they brought with them.

Джону подарили игру «Монополия».
Джон принёс игру «Монополия».

1. Лисе подарили новую пластинку.

_____

2. Рону подарили шахматы.

_____

3. Джессике подарили книгу на русском языке.

_____

4. Элисе подарили Микки-Мауса.

_____

5. Стиву подарили матрёшку.

_____

6. Джéку и Дэвиду подарили детские книги.

_____

УПРАЖНЕНИЕ 3.   (A3, D1) Combine words from each column to form sentences. Change forms as necessary.

Мне пришли письма от родителей из Флориды.

Мне	пришла	открытка	из	Минск	от	подруга.
Вам	пришло	открытки		Одесса		друг.
Нам	пришли	письмо		Нью-Йорк		родители.
Емý		письма		Флорида		друзья.
Ей		телеграмма		Калифорния		брат.
Им		телеграммы		Сент-Луис		сестра.

1. _____

2. _____

3. _____

4. _____

5. _____

6. _____

УПРАЖНЕНИЕ 4.   (A4) Complete these written holiday wishes. Use the last card for any holiday you like, and write wishes to anyone you choose.

(Джанéт/поздравля́ть/Рождествó/жела́ть/здорóвье/сча́стье)

 Счастливого Рождества

Дорогая Джанет!
Поздравляю тебя с Рождеством!
Желаю тебе здоровья и счастья!

Твоя подруга Нэнси.

1.

Дорогóй _____ !

Поздравля́ю _____ гóдом!

Жела́ю тебé _____ и успéхов!

      Твой друг _____

2.

Дорогáя _____ !

_____ тебя́ с _____

_____ тебé здорóвья, _____

_____ и _____

_____

3.

+---+
| |
| _____ ! |
| |
| _____ |
| |
| _____ |
| |
| _____ |
| |
+---+

УПРАЖНЕНИЕ 5.   (A1) Write sentences thanking each person for the present he/she gave you.

Андре́й подари́л Ка́те кассе́ту.
Ка́тя сказа́ла: „Андре́й, большо́е спаси́бо за кассе́ту".

1. Ле́на подари́ла мне альбо́м с ви́дами Москвы́.

   Я сказа́ла ей: _____

2. Рома́н принёс учи́тельнице краси́вые ро́зы.

   Учи́тельница сказа́ла: _____

3. Ди́ма подари́л дру́гу фона́рь.

   Друг сказа́л: _____

4. Ребя́та подари́ли Ка́те электри́ческий самова́р.

   Ка́тя сказа́ла: _____

5. Са́ша подари́ла Та́не се́рьги.

   Та́ня сказа́ла: _____

УПРАЖНЕНИЕ 6.   (B1, B6) Fill in the blank with the verbs налить, положить, попробовать.

1. Можно тебе _____ этот салат?

2. Что ты будешь пить? Что тебе _____ ?

3. Хочешь _____ эту селёдку? Она очень вкусная!

4. Надо _____ торт. Надя сама его приготовила.

5. Мне очень нравится этот яблочный сок. _____ тебе?

6. Хочешь _____ грибы? По-моему, они тебе понравятся.

7. У меня есть чай и кофе. Что вам _____ ?

8. Это мясо, мне кажется, очень вкусное. _____ тебе?

УПРАЖНЕНИЕ 7.   (B5) Combine elements from the first three columns to ask about someone's preferences. Then, on a separate sheet of paper, compose answers using the words in parentheses. Change forms as necessary.

— Какие бутерброды ты любишь? (сыр, колбаса, ветчина)
— С сыром и ветчиной.

Какой	чай	ты любишь?	(лимон, сахар, молоко)
	мороженое		(орехи, шоколад, фрукты)
	пирожки		(мясо, рыба, яблоки)
	салат		(селёдка, мясо, крабы, орехи)
	бутерброды		(икра, колбаса, масло)
	икра		(красная, чёрная)

УПРАЖНЕНИЕ 8.   (B7, D2) Fill in the blanks with сам (сама, сами) where appropriate.

1. У нас есть очень вкусный торт. Мама _____ его приготовила.

2. Какие хорошие фотографии. Неужели вы _____ их сделали?

3. У брата новый дом. Он _____ его построил.

4. Ты доéдешь до гостúницы _____ ?

5. Ты приéдешь _____ úли тебя встрéтить?

6. Нúна _____ выучила англúйский язык.

7. Турúсты вчерá _____ гуляли по гóроду.

УПРАЖНÉНИЕ 9.   Fill in the blanks with the verbs **приготóвить, пригласúть, прийтú, поздрáвить, подарúть** in the correct forms.

Лéтом, когдá у Мелúссы был день рождéния, онá _____

друзéй в гóсти. Когдá ребята _____ , онú _____

Мелúссе подáрки: сувенúры, матрёшки, значкú, альбóм с вúдами Кремля. Все _____

_____ Мелúссу с днём рождéния. Онá _____

гостéй к столý. Кáтя с мáмой _____ салáт, грибы, торт.

Всё было так вкýсно! Был óчень хорóший день рождéния.

УПРАЖНÉНИЕ 10. Complete this puzzle in Russian by filling in the verbs listed below.

Clues

1. to drink *(impf.)*
2. to eat *(impf.)*
3. to pour *(pf.)*
4. to wish *(impf.)*
5. to prepare *(impf.)*
6. to place *(pf.)*
7. to try, to have a taste *(impf.)*
8. to congratulate *(pf.)*
9. to try, to have a taste *(pf.)*
10. to prepare *(pf.)*

УПРАЖНЕНИЕ 11.   (D3) In order to survive in a foreign country, it is essential to master the verbs for eating and drinking. Fill in the blanks accordingly.

1. — Утром ты _____ томáтный сок?

   — Да, _____ .

2. Все дéти _____ конфéты с удовóльствием.

3. «Фáнту» _____ и в Амéрике и в Россúи.

4. Кто вон тот пáрень — вúдишь? Он _____ бутербрóд.

5. _____ , пожáлуйста, салáт. Я егó самá приготóвила.

6. Моя́ мáма чáсто готóвит пирожкú с мя́сом. У нас в семьé их все _____ с удовóльствием.

7. — В Амéрике _____ грибы́?

   — Мы их _____ , но не собирáем, а покупáем в магазúне.

8. — Ты _____ селёдку?

   — Да, _____ , но не чáсто.

9. Врач сказáл, что мне нáдо _____ апельсúны.

10. — Вы _____ чай с молокóм úли с лимóном?

    — Я _____ с молокóм, а моя́ сестрá _____ тóлько с лимóном.

11. — Ты _____ пирожкú с ры́бой?

    — Нет, я ры́бу совсéм не _____ .

12. Когдá у нас дóма гóсти, мы _____ чай из самовáра.

13. Говоря́т, рýсские _____ мнóго чáя. Это прáвда?

14. Что э́то вы _____ ? Блины́? Это вкýсно?

15. — Вы попрóбовали мой салáт?

    — А как же! Мы же егó сейчáс _____ .

УПРАЖНЕНИЕ 12. Fill in the appropriate noun endings where necessary. Think about which case each preposition requires.

1. В суббóт____ мы с Ир_____ пошлѝ к Борѝс____ на день рождéния.

2. Сначáла мы бы́ли в магазѝн____ и купѝли нéсколько подáрк_____ : кнѝг____ , альбóм____ , рýчк____ и сýмк____ .

3. Мы пошлѝ на Нóв_____ Арбáт. А я не знáла, что Борѝс живёт на Нóв_____ Арбáт____ .

4. У Борѝс____ на прáзднике бы́ло мнóго мáльчик_____ и тóлько три дéвочк____ .

5. Мы говорѝли о шкóл____ , о мýзык____ .

6. Борѝс танцевáл с Кáт_____ , а Натáша танцевáла с Рóберт_____ .

УПРАЖНЕНИЕ 13. Wordsearch: find the words related to food and drink in the puzzle below, and write missing vowels in the spaces provided.

1. м __ н __ р __ л ь н __ __   в __ д __
2. з __ к __ с к __
3. с __ р
4. т __ р т
5. м __ л __ к __
6. к __ л б __ с __
7. п __ р __ ж __ к
8. л __ м __ н __ д
9. п __ р __ ж н __ __
10. в __ т ч __ н __
11. к __ ф __
12. ч __ __
13. __ к р __
14. к р __ б
15. с __ л __ д к __
16. с __ к
17. р __ б __
18. __ б л __ ч н __ __   с __ к
19. б __ т __ р б р __ д

Д	М	И	Т	О	К	Р	А	Б	Д	Л	П
Щ	И	К	Р	А	М	И	Ш	У	К	И	И
Н	Н	В	Л	С	О	К	П	Щ	В	М	Р
У	Е	С	К	О	Л	Б	А	С	А	О	О
Х	Р	Ъ	Х	Ц	О	Ж	В	Е	Я	Н	Ж
З	А	К	У	С	К	А	Е	Л	Б	А	О
Ш	Л	В	Ц	Ы	О	Л	Т	Ё	Л	Д	К
Ж	Ь	Т	О	Р	Т	М	Ч	Д	О	Ъ	О
У	Н	Я	Щ	У	Ф	Е	И	К	Ч	Ё	Ф
Ы	А	Э	Р	Ы	Б	А	Н	А	Н	Ч	Е
Н	Я	В	О	Д	А	Ф	А	И	Ы	А	Ш
Е	П	И	Р	О	Ж	Н	О	Е	Й	Й	М
Б	У	Т	Е	Р	Б	Р	О	Д	С	О	К

УПРАЖНЕНИЕ 14. Solve these rebuses:

1. _____ 2. _____ 3. _____

4. _____ 5. _____ 6. _____

УПРАЖНЕНИЕ 15. Katya and Pam were approached by a boy from the school newspaper. He wanted them to write a first-hand account of how they prepared for their party, who was there, what food and drink they liked and did not like, and their impressions of the party. Write their story for them on a separate sheet of paper.

УПРАЖНЕНИЕ 16. Describe this picture either orally or in writing on a separate sheet of paper.

Урок 10 (Десятый урок)

Review of Lessons 6–9.

The numbers in parentheses refer to chapters in the text where language functions and grammar were discussed and practiced.

УПРАЖНЕНИЕ 1.   (6) Complete these sentences by naming the person to whom each monument is dedicated.

1. На Пу́шкинской пло́щади нахо́дится па́мятник _____

2. На пло́щади Маяко́вского стои́т па́мятник _____

3. В Вашингто́не есть па́мятники _____

4. На Тверско́й у́лице есть па́мятник _____

5. В на́шем го́роде есть па́мятники _____

6. Я ви́дел фотогра́фию па́мятника _____

УПРАЖНЕНИЕ 2.   (7) Match each infinitive with the corresponding imperative. Be ready to give the English equivalents of these imperatives.

Чита́ть — чита́й(те). — Read!

1. Чита́ть	____	Пригласи́(те)	8. Обеща́ть	____	Слу́шай(те)
2. Писа́ть	____	Вы́учи(те)	9. Поверну́ть	____	Повтори́(те)
3. Слу́шать	____	Иди́(те)	10. Вы́учить	____	Не разгова́ривай(те)
4. Разгова́ривать	____	Пиши́(те)	11. Повтори́ть	____	Принеси́(те)
5. Идти́	____	Пей(те)	12. Есть	____	Обеща́й(те)
6. Принести́	____	Поверни́(те)	13. Пить	____	Ешь(те)
7. Пригласи́ть	____	Чита́й(те)			

УПРАЖНЕНИЕ 3. (7) A passer-by has given you directions. Convey the directions to your friends.

— Поверни́те нале́во и иди́те пря́мо.
— Нам на́до поверну́ть нале́во и идти́ пря́мо.

1. — Иди́те до пло́щади и поверни́те напра́во.

_____

2. — Иди́те пря́мо по у́лице и поверни́те напра́во у ста́нции метро́.

_____

3. — Поверни́те наза́д и иди́те до Садо́вого кольца́.

_____

4. — Иди́те по друго́й стороне́ у́лицы до остано́вки авто́буса.

_____

5. — Дойди́те до бульва́ра и поверни́те нале́во.

_____

УПРАЖНЕНИЕ 4. (7) Oral exercise. Combine words from each column to form commands. Then give the English equivalents of these commands.

Пиши́те но́вые слова́.

Напиши́те	стихотворе́ние.	Вы́учите	ещё раз.
Поверни́те	на доске́.	Чита́йте	но́вые слова́.
Повтори́те	наза́д.	Слу́шайте	расска́з.

УПРАЖНЕНИЕ 5. (7) Agree to do what you are told to do.

— Пиши́ мне из Москвы́.   — Сде́лайте э́то упражне́ние!
— Ла́дно, бу́ду писа́ть.   — Хорошо́, сейча́с сде́лаем.

1. — Покажи́ мне фотогра́фии, кото́рые ты сде́лал в пое́здке.

_____

2. — Читáйте кáждый день по-рýсски.

_____

3. — Напишú мне, как к тебé проéхать.

_____

4. — Посмотрú, кто там пришёл.

_____

5. — Занимáйтесь спóртом кáждый день.

_____

УПРАЖНЕНИЕ 6. (8) Complete the dialogues by answering in the affirmative, following the example. Indicate that the person(s) in question will probably be late.

— Ты пойдёшь к Джéку на день рождéния?
— Обязáтельно пойдý, но, навéрное, немнóго опоздáю.

1. — Твоú родúтели придýт в шкóлу?

_____

2. — Где же Майкл? Он придёт сегóдня?

_____

3. — Вы пойдéте зáвтра на баскетбóльный матч?

_____

4. — Ты не знáешь, Бáрбара придёт на дискотéку?

_____

5. — Ты придёшь зáвтра ко мне в гóсти?

_____

УПРАЖНЕНИЕ 7.   (8) Following the example, say how long you will be at a classmate's house. Use real names.

Вéчером я пойдý к Cáре Смит. Я бýду у неё два часá.

1. _____

_____

2. _____

_____

3. _____

_____

УПРАЖНЕНИЕ 8.   Oral exercise. Choose appropriate words from each column to form questions expressing your surprise. Change forms as necessary.

Неужéли ты сам приготóвил Этот пирóг?

Неужéли	ты	сам	приготóвить	Этот	пирожкú?
	вы	самá		Эта	салáт?
	он	сáми		Это	бутербрóды?
	онá			Эти	пирóг?
	онú				грибы́?
					торт?
					ры́ба?
					пирóжные?
					мя́со?

УПРАЖНЕНИЕ 9.   (8) Fill in the blanks with the prepositions к, на, or в as appropriate.

1. Мы éдем _____ Вúктору _____ день рождéния.

2. Дéдушка идёт _____ больнúцу _____ врачý.

3. Мы éдем _____ пáпе _____ рабóту.

4. Мáма идёт _____ шкóлу _____ учúтелю.

5. Спортсмéн éдет _____ стадиóн _____ трéнеру.

УПРАЖНЕНИЕ 10. (8) Complete each invitation below by filling in a destination. Use appropriate prepositions.

Ты, ка́жется, лю́бишь теа́тр. Я хочу́ пригласи́ть тебя́ в теа́тр.

1. Ты, ка́жется, лю́бишь танцева́ть. Я хочу́ пригласи́ть тебя́ _____

2. Ты, ка́жется, лю́бишь рок-му́зыку. Я хочу́ пригласи́ть тебя́ _____

3. Ты, ка́жется, лю́бишь бале́т. Я хочу́ пригласи́ть тебя́ _____

4. Ты, ка́жется, лю́бишь рисова́ть. Я хочу́ пригласи́ть тебя́ _____

5. Ты, ка́жется, лю́бишь иску́сство. Я хочу́ пригласи́ть тебя́ _____

6. Ты, ка́жется, лю́бишь моро́женое. Я хочу́ пригласи́ть тебя́ _____

УПРАЖНЕНИЕ 11. Fill in the blanks, combining the nouns in parentheses with the appropriate prepositions. Pay attention to case endings.

1. Мы дое́хали _____ (теа́тр) на метро́.

2. — Ма́ма, ты не зна́ешь, Серёжа пришёл _____ (шко́ла)?

   — Да, он уже́ пришёл и сейча́с хо́чет пойти́ _____ (стадио́н).

3. — Кто за́втра пойдёт _____ (конце́рт)?

   — Я обяза́тельно пойду́, а Ка́тя хо́чет пойти́ _____ (бале́т), у неё есть биле́т.

4. Вы не забы́ли, что у меня́ за́втра день рожде́ния? Приходи́те _____ (я) в 6 часо́в, не опа́здывайте.

5. — Я не зна́ю, как дойти́ _____ (музыка́льный теа́тр).

   — Очень про́сто. Пойдёте снача́ла _____ (э́та у́лица), а пото́м поверни́те нале́во.

6. Вчера́ я реши́л пойти́ _____ (стадио́н). Но когда́ я пришёл туда́ и уви́дел, что там никого́ нет, я реши́л пойти́ _____ (друг).

УПРАЖНЕНИЕ 12. (9) Oral exercise. Combine words from each column to form sentences.

Утром я ем бутербро́ды и пью чай.

Утром	я	ем	хлеб с ма́слом	и	пью	ко́фе.
Днём	мой па́па	ест	мя́со		пьёт	чай.
Ве́чером	моя́ ма́ма	еди́м	ры́бу		пьём	молоко́.
	мы	едя́т	сыр		пьют	лимона́д.
	мои́ роди́тели		колбасу́			минера́льная вода́.
	у нас до́ма		бутербро́ды			сок

УПРАЖНЕНИЕ 13. Кто како́й пода́рок принёс?

— Спаси́бо, Ми́ша, каки́е краси́вые цветы́!
Ми́ша принёс и подари́л цветы́.

1. — Спаси́бо, Ма́ша, это прекра́сный альбо́м!

_____

2. — Спаси́бо, ребя́та, каки́е краси́вые часы́!

_____

3. — Спаси́бо, Оле́г Никола́евич, кака́я интере́сная кни́га!

_____

4. — Спаси́бо, Ната́лья Ива́новна, каки́е вку́сные конфе́ты!

_____

5. — Спаси́бо, Бори́с, како́е краси́вое кольцо́!

_____

6. — Спаси́бо, де́вочки, како́й краси́вый браслет!

_____

УПРАЖНЕНИЕ 14. Complete these narratives, using the phrases given in the appropriate case.

1. э́тот ста́рый дом

Мы живём в _____ _____ _____ .

Но мы о́чень лю́бим _____ _____ _____ ,

потому́ что он краси́вый, и мой де́душка и ба́бушка жи́ли здесь.

Ря́дом с _____ _____ _____

нахо́дится большо́й и зелёный парк. Говоря́т, у _____ _____

_____ есть своё лицо́.

2. э́та больша́я пло́щадь   Note: э́та is not necessary in the first sentence.

У нас в го́роде есть _____ _____ .

Там, на _____ _____ _____ ,

мно́го краси́вых зда́ний и ма́ленький парк.

Мы лю́бим ката́ться по _____ _____ _____

на велосипе́дах. Об _____ _____

_____ ча́сто пи́шут в газе́тах. А оди́н раз _____

_____ _____ пока́зывали по телеви́зору.

УПРАЖНЕНИЕ 15. (8) Read the addresses on these envelopes. Then use the information in complete sentences as shown in the example.

Это письмо́ Бело́вой Тама́ре в го́род Брест из Волгогра́да от Артёма Мало́ва.

1.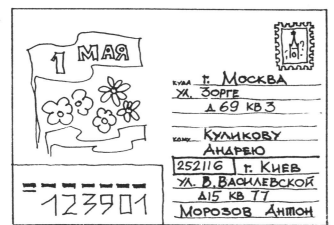

1. _____
   _____

2.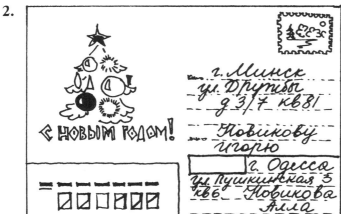

2. _____
   _____

3.

3. _____
   _____

УПРАЖНЕНИЕ 16. Solve this crossword puzzle:

По горизонтáли — Across

1. Он живёт в мóре. Но когдá егó приготóвят, он óчень вкýсный.
3. Это моё _____ . Я сижý здесь.
5. Зáвтра мой друг прилетáет из Москвы́. Я обязáтельно _____ егó в аэропортý.
8. Фрукт орáнжевого цвéта.
9. Фрукт жёлтого цвéта.
11. Егó пьют, как вóду. Онó бéлого цвéта.
12. С э́тим чáсто дéлают бутербрóды.

По вертикáли — Down

1. Это то, что тебé нáдо, когдá ты хóчешь слýшать мýзыку и́ли танцевáть.
2. Это дéлают из молокá и едя́т с блинáми.
4. Он зелёный, из негó дéлают салáт.
5. В рекé, в мóре и в океáне есть _____ .
6. Хорóший подáрок на день рождéния.
7. Это хорошó готóвят рýсские бáбушки и мáмы.
10. Это не глаз, не рот, э́то _____ .

УПРАЖНЕНИЕ 17. Fill in the blanks choosing from among these prepositions and adverbs: недалеко́ от, у, в, на, до, по, от, там, оr наза́д.

Ла́ура живёт _____ Москве́ _____ Ната́ши _____ университе́та. Вчера́ по́сле уро́ков они́ пое́хали _____ метро́ _____ центр Москвы́. Ла́ура хоте́ла увидеть храм Васи́лия Блаже́нного. Де́вочки прие́хали _____ Кра́сную пло́щадь. _____ нахо́дятся храм Васи́лия Блаже́нного, Мавзоле́й, Истори́ческий музе́й. Пото́м они́ пошли́ _____ экску́рсию _____ Кремль. _____ пять часо́в де́вочки встре́тили друзе́й _____ вхо́да в метро́. Ребя́та реши́ли пойти́ в рестора́н и пошли́ пешко́м _____ Тверско́й _____ Пу́шкинской пло́щади. _____ рестора́не всё бы́ло о́чень вку́сно! _____ де́вочки пое́хали _____ тролле́йбусе, потому́ что Ла́ура хоте́ла посмотре́ть моско́вские бульва́ры. До́ма ма́ма Ната́ши сказа́ла Ла́уре, что _____ неё есть письмо́ _____ подру́ги из США.

УРОК 11 (Одиннадцатый урок)

Куда вы вчера ходили?

УПРАЖНЕНИЕ 1.   (A1, D1) Oral exercise. Combine appropriate words from each column to form sentences patterned after the model.

Завтра будет экзамен. Ребята очень волнуются.

Завтра	был	экзамен.	Я	очень	волнуюсь.
Вчера	будет	футбольный матч.	Мы	так	волнуешься.
Сегодня		спектакль.	Ребята		волнуется.
		встреча.	Стэнли		волнуемся.
		поездка.	Шэрил		волнуетесь.
		делегация.	Ты		волнуются.
					волновался.
					волновалась.
					волновались.

УПРАЖНЕНИЕ 2.   (A1, D3) Choose from among the following time expressions to fill in the blanks:

весь день, всё утро, весь вечер, всю ночь, всё время

1. Вчера _____ мы были в парке.

2. — Антон, я не видел тебя вчера. Где ты был?

   — Не знаю, почему ты меня не видел. Я _____ был в школе.

3. Я _____ не занималась, потому что у нас были гости.

4. На уроке мы _____ говорим только по-русски.

---

5. Дóма я чáсто дýмал о Москвé, а в Москвé я _____ дýмал о дóме.

6. Натáша _____ смотрéла телевúзор, потомý что покáзывали чемпионáт по гимнáстике.

7. Ученикú не чáсто рабóтают _____ .

УПРАЖНЕНИЕ 3. Choose from among the following verb forms to fill in the blanks:

понрáвился, понрáвилась, понрáвилось, понрáвились

1. Вчерá мы ходúли в музéй и всем ребя́там _____ картúны москóвского худóжника.

2. — Я ужé смотрéл нóвый фильм.

   — Он тебé _____ ?

   — Фильм тáк себе, не совéтую тебé ходúть!

3. — Тебé _____ нáша нóвая дéвочка?

   — Да, óчень.

   — Мне онá тóже _____ .

4. — Что ты скáжешь о дне рождéния у Олéга? Как там бы́ло?

   — Мне там óчень _____ .

5. — Вам _____ э́тот журнáл?

   — Да, óчень. Где ты егó купúл?

   — В цéнтре. Там всегдá мóжно купúть нóвые журнáлы.

УПРАЖНЕНИЕ 4. (A1, D2) Look at these drawings, and answer the questions below.

Идёт и́ли хо́дит? Иду́т и́ли хо́дят?

1. _____

2. _____

3. _____

4. _____

Едет и́ли е́здит? Еду́т и́ли е́здят?

1. _____

2. _____

3. _____

4. _____

УПРАЖНЕНИЕ 5. (A1, D2) Oral exercise. **Кто на како́й маши́не е́здит?** Combine appropriate words from each column to form sentences.

Я е́зжу на «Хо́нде».

Я	е́зжу	на	«Тойо́те».
Ты	е́здишь		«Бью́ике».
Мы	е́здит		«Запоро́жце».
Вы	е́здим		«Фо́рде».
Пэм	е́здите		«Шевроле́».
Юра	е́здят		«Хо́нде».
Никола́евы			«Жигуля́х».

УПРАЖНЕНИЕ 6. (A1, D2) Скажи́те, почему́.

Я ча́сто хожу́ в лес, ...
Я ча́сто хожу́ в лес, потому́ что мне нра́вится собира́ть грибы́.

1. В воскресе́нье Са́ша всегда́ хо́дит в клуб, _____

_____

2. Мы ка́ждый день е́здим в спорти́вный зал, _____

_____

3. Оле́г е́здит в бассе́йн, _____

_____

4. Мы хо́дим в библиоте́ку, _____

_____

5. Вы всегда́ е́здите на э́тот стадио́н, _____

_____

6. Ната́ша и На́дя ча́сто хо́дят в э́тот кинотеа́тр, _____

_____

УПРАЖНЕНИЕ 7. (A1, D2) Rewrite the sentences below, replacing the verbs е́здить and ходи́ть with the verb быть. Change the prepositional phrase in the new sentence as necessary.

В воскресе́нье я ходи́л на день рожде́ния к Ната́ше.
В воскресе́нье я был на дне рожде́ния у Ната́ши.

1. Вчера́ мы ходи́ли в Кремль.

_____

_____

2. В сре́ду мы с дру́гом е́здили в Коло́менское.

_____

_____

3. Ве́чером все ребя́та ходи́ли на дискоте́ку.

_____

_____

4. Моя́ сестра́ ходи́ла вчера́ в теа́тр.

_____

_____

5. Мой брат в воскресе́нье ходи́л на день рожде́ния к дру́гу.

_____

_____

6. Мой де́душка вчера́ е́здил к врачу́.

_____

_____

УПРАЖНЕНИЕ 8.   (A1, D2) On a separate sheet of paper, combine elements from each column to form sentences. Change endings as necessary.

Ты ещё не е́здила в Санкт-Петербу́рг? Сове́тую съе́здить.

1. Ты	ещё не	ходи́л	в	Истори́ческий музе́й?	Сове́тую сходи́ть.
2. Вы		ходи́ла	на	Санкт-Петербу́рг?	Сове́туем съе́здить.
3. Бори́с		ходи́ли		музе́й Пу́шкина?	
4. Анна		е́здил		Третьяко́вская галере́я?	
5. Кто		е́здила		Новоде́вичий монасты́рь?	
6. Ребя́та		е́здили		Арба́т?	

УПРАЖНЕНИЕ 9. (A1, D2) Oral exercise. Combine appropriate words from each column to form sentences. Then state that each person has already been to the place in question. Change forms as necessary.

Ты пойдёшь в аптёку?   Я ужё сходи́ла.

Ты	пойдёшь	в	магази́н?
Вы	поёдешь	на	поликли́ника?
Ольга	пойдёте		аптёка?
Ко́ля	поёдете		по́чта?
Сми́ты	пойдёт		центр?
	поёдут		бассёйн?

УПРАЖНЕНИЕ 10. (A1, D2) Oral exercise. Combine elements from each column to make suggestions. Then give affirmative responses according to the model.

— Дава́йте съёздим на Воробьёвы го́ры.
— С удово́льствием. Мы как раз хотёли туда́ съёздить.

Дава́й	схо́дим	в МГУ.
Дава́йте	съёздим	в Кремль.
		на Воробьёвы го́ры.
		на Арба́т.

УПРАЖНЕНИЕ 11. Fill in the blanks with appropriate adjectives and adverbs. Keep in mind that adjectives describe nouns and adverbs describe verbs.

1. Вчера́ мой друг о́чень _____ расска́зывал о дне рождёния у Ната́ши. Ей подари́ли _____ кни́гу, _____ альбо́м, _____ самова́р. Там бы́ло о́чень _____ . Ребя́та пёли, танцева́ли, а пото́м смотрёли _____ фильм по телеви́зору. Анто́н пока́зывал _____ фо́кусы, а Ната́ша пёла ру́сские пёсни. Это был _____ вёчер.

2. В воскресёнье мы ёздили в _____ парк. Там бы́ло о́чень _____ : стоя́т _____ деревья, _____ цветы́. В па́рке игра́л _____ оркёстр, и все _____ танцева́ли. Мне о́чень понра́вился э́тот оркёстр. Мы ходи́ли по па́рку, _____ разгова́ривали, пи́ли «Фа́нту», а пото́м пошли́ игра́ть в ша́хматы. Я, пра́вда, не о́чень _____ игра́ю, поэ́тому я бы́стро проигра́л. Пото́м мы пошли́ смотрёть концёрт. Концёрт был _____ _____ , нам он о́чень понра́вился.

УПРАЖНЕНИЕ 12. (B5, D3) Oral exercise. Combine elements from each column to make suggestions and negative responses. Change endings as necessary.

— Хóчешь съéздить на мóре?
— Нет. Сейчáс слишком хóлодно.

— Хóчешь сходить	в	Арбáт?	— Нет, э́то слишком	далекó.
— Хотите съéздить	на	стадиóн?	— Нет, сейчáс там	хóлодно.
		Колóменское?		жáрко.
		Воробьёвы гóры?		мнóго нарóда.
		мóре?		шýмно.
		дискотéка?		скýчно.

УПРАЖНЕНИЕ 13. Fill in the appropriate forms of the pronouns я and ты.

1. _____ из США.   А откýда _____ ?

2. У _____ éсть брат.   А у _____ ?

3. Ко _____ пришли гóсти.   А к _____ ?

4. _____ зовýт Джон.   А _____ ?

5. Со _____ разговáривал учитель.   А с _____ ?

6. Он рассказáл обо _____ .   А о _____ ?

УПРАЖНЕНИЕ 14. (D2) Fill in the blanks with the correct forms of ходить/идти, éздить/éхать.

1. Сейчáс я _____ в шкóлу.

2. Я люблю _____ на машине.

3. — Где вы были вчерá вéчером?

   — Мы _____ в теáтр.

4. Вчерá, когдá я _____ на пóчту, я встрéтил дрýга.

5. — Где ребя́та?

   — Они _____ по Арбáту.

6. — Ой, какáя машúна! Кудá ты _____ ?

   — На пóчту.

7. Мы _____ на тренирóвку кáждый день.

8. Мы чáсто вúдим, как кóшки _____ по ýлице.

9. Кáждую веснý мой друзья́ _____ в Вашингтóн.

10. Сáша _____ по лéсу и увúдел большóй гриб.

11. — Привéт! Кудá ты _____ ?

    — Я _____ на концéрт.

УПРАЖНЕНИЕ 15. (D3) Fill in the blanks. Use the correct form of either кáждый or весь.

1. _____ я пью кóфе в вóсемь часóв.
   (Every morning)

2. Мы éздим в гóсти к бáбушке _____ .
   (every summer)

3. Он был у нас не _____ .
   (the whole week)

4. Он ходúл по гóроду и фотографúровал _____ .
   (the whole day)

5. _____ шёл дождь.
   (All autumn)

6. Мы бы́ли в Москвé _____ .
   (the whole winter)

7. Он читáет газéту _____ .
   (the whole morning)

8. _____ он читáет газéту.
   (Every morning)

9. Мы гуля́ли по Арбáту _____ .
   (all day)

10. Где ты былá _____ ?
    (the whole month)

11. Я éзжу в Кúев _____ .
    (each month)

12. Пáпе нáдо рабóтать _____ .
    (every night)

УПРАЖНЕНИЕ 16. Fill in the blanks with adverbs. The first and last letters are given for you.

УПРАЖНЕНИЕ 17. Using the clues below, solve this puzzle and a word from this lesson will appear horizontally. The first letters are given for you.

Clues

1. Вчера́ бы́ло воскресе́нье, и мы _____ день бы́ли в па́рке.

2. Анто́н пришёл из шко́лы о́чень _____ , потому́ что у них была́ встре́ча с америка́нскими шко́льниками.

3. Был большо́й пра́здник, все _____ пе́ли и танцева́ли.

4. Говоря́т, америка́нский _____ похо́ж на ру́сский.

5. — Ты не лю́бишь матема́тику?

   — _____ , о́чень люблю́.

6. Слы́шишь _____ ? Уро́к ко́нчился.

7. — Приве́т, Са́ша! Иди́ сюда́. Мы _____ говори́ли о тебе́.

8. Мой брат о́чень лю́бит всем _____ .

9. Вре́мя _____ конце́рт! Уже́ 8 часо́в и весь наро́д в за́ле.

10. Ви́ктору о́чень понра́вился э́тот кинотеа́тр, и он сове́товал мне _____ туда́.

11. _____ неде́ля была́ тру́дная: бы́ли две контро́льные рабо́ты и оди́н экза́мен.

УПРАЖНЕНИЕ 18. Imagine you are in Moscow participating in a high school exchange program. Last night you spent the whole evening on the Arbat with you friends. You returned home at 11:00 p.m., and your host mother told you that your American teacher had called and worried that you were not in. You are not going in to school tomorrow, but you want to send in a note to your teacher. Reassure him, and explain where you were, what you did, that you liked the evening and the Arbat, and that you want to go there again. Add any other details you can think of. Since you have taken a «Russian only» pledge while you are in Moscow, write the note in Russian on a separate sheet of paper.

УПРАЖНЕНИЕ 19. Describe this picture either orally or on a separate sheet of paper.

УРОК 12 (Двенадцатый урок)

Погуляем по Арбату.

УПРАЖНЕНИЕ 1.   (A1, A4) Oral exercise. Combine elements from each column to form sentences. Use the correct forms of the verbs ходи́ть and е́здить.

Я иногда́ хожу́ пешко́м в шко́лу.

Я	ча́сто	ходи́ть	пешко́м в шко́лу.
Ты	ре́дко	е́здить	на маши́не на рабо́ту.
Мы	иногда́		на велосипе́де.
Вы	обы́чно		на ло́шади.
Мой друг	всегда́		на метро́.
Моя́ подру́га	никогда́ не		
Мой роди́тели			

УПРАЖНЕНИЕ 2.   (A1, A4) Give an approrpriate response to each question below. Vary your responses as much as possible.

— Здесь всегда́ так мно́го дете́й?
— Нет, обы́чно здесь ма́ло наро́да. Но сего́дня же воскресе́нье.
и́ли:
— Да, коне́чно. Это же де́тский стадио́н.

1. — Здесь всегда́ так шу́мно?

_____

2. — Здесь всегда́ так ве́село?

_____

3. — Здесь всегда́ так интере́сно?

_____

4. — Здесь всегда́ так краси́во?

_____

5. — Здесь всегда́ так мно́го наро́да?

_____

6. — Здесь всегда́ так ма́ло наро́да?

_____

УПРАЖНЕНИЕ 3. Fill in the blanks to tell how long the following actions took.

1. Я был в Бо́стоне _____
                                          (one year)

2. Он смотре́л телеви́зор _____
                                          (fifteen minutes)

3. Джон гуля́л в па́рке _____
                                          (three hours)

4. Она́ жила́ у бра́та _____
                                          (two months and twelve days)

5. Вы чита́ли кни́гу _____
                                          (an hour)

6. Ма́ма гото́вила обе́д _____
                                          (thirty-two minutes)

7. Ты е́хала на маши́не в Кана́ду _____
                                          (two weeks and three days)

8. Худо́жник рисова́л карти́ну _____
                                          (two years)

9. Я занима́юсь му́зыкой уже́ _____
                                          (one week)

10. Он игра́ет на гита́ре уже́ _____
                                          (seven weeks)

11. Пе́тя игра́л в ша́хматы _____
                                          (six hours)

12. Сет учи́лся в Москве́ _____
                                          (five years and six months)

13. На́стя слу́шала му́зыку _____
                                          (thirty-one minutes)

14. Уро́к был _____
                                          (forty-five minutes)

15. Я е́здил на велосипе́де _____
                                          (an hour and ten minutes)

УПРАЖНЕНИЕ 4. **Combine elements from each column to form questions. Then compose answers according to the model below.**

— Как до́лго обы́чно идёт спекта́кль в теа́тре?
— Когда́ ка́к. По-мо́ему, обы́чно три часа́. Иногда́ бо́льше, иногда́ ме́ньше.

Как до́лго обы́чно идёт	фильм	в кинотеа́тре?
	бале́т	по телеви́зору?
	спекта́кль	в теа́тре?
	конце́рт	в конце́ртном за́ле?
	заня́тие	в шко́ле?
	экза́мен	в ко́лледже?

1. _____

_____

2. _____

_____

3. _____

_____

4. _____

_____

5. _____

_____

6. _____

_____

УПРАЖНЕНИЕ 5. (D2) **On a separate sheet of paper, answer these four questions according to the example below. Then make up your own question and answer concerning your likes and dislikes.**

Я бо́льше люблю́ матема́тику. Биоло́гия мне нра́вится ме́ньше.

Что вы бо́льше лю́бите ...1. рок-му́зыку и́ли о́перу?
                    2. бейсбо́л и́ли футбо́л?
                    3. игра́ть в те́ннис и́ли в ша́хматы?
                    4. во́ду и́ли сок?

УПРАЖНЕ́НИЕ 6.   (D4) Fill in the blanks with the correct possessive pronoun.

1. Пи́тер хо́дит в спорти́вный клуб ка́ждый день. Он лю́бит _____

   клуб и _____ кома́нду.

2. Ученики́ написа́ли упражне́ния. Учи́тель смо́трит _____ тетра́ди.

3. Э́тот худо́жник хорошо́ рису́ет. Мне нра́вятся _____ карти́ны.

4. Ка́те подари́ли мно́го пода́рков. Она́ показа́ла мне _____ пода́рки.

5. Э́то фотоаппара́т моего́ бра́та. Он дал мне _____ фотоаппара́т.

6. Я не зна́ю, где живёт наш учи́тель. Дай мне _____ а́дрес.

7. Ната́ша встреча́ет в аэропорту́ _____ подру́гу из Аме́рики.

8. У Ве́ры экза́мен. Она́ не пое́хала в аэропо́рт встреча́ть _____ подру́гу.

   _____ подру́гу встре́тил _____ брат.

УПРАЖНЕ́НИЕ 7.   (D4) Write the correct form of свой in each blank.

1. Чита́й _____ кни́гу до́ма.

2. У меня́ есть _____ автомоби́ль — зелёный «Шевроле́».

3. Тебе́ на́до сде́лать _____ упражне́ния сего́дня ве́чером.

4. Познако́мь меня́ со _____ роди́телями.

5. Актёр идёт к _____ теа́тру.

6. У него́ нет _____ портре́та.

7. Ди́ма получи́л письмо́ из родно́го го́рода от _____ роди́телей.

8. Са́ша подари́л _____ ма́ме рису́нок.

9. Она́ нарисова́ла _____ окно́.

10. Она́ е́дет к _____ подру́ге в Филаде́льфию.

11. Па́па был у _____ дру́га вчера́.

12. Я ду́мал о _____ до́ме весь день.

УПРАЖНЕНИЕ 8.   American students sent pictures to their Russian friends who visited them. Take a look at them, then write captions for each one.

Настя была у Джейн в Нью-Йорке. Джейн написала:
«Насте от Джейн. На память о встрече в Нью-Йорке».

УПРАЖНЕНИЕ 9. (A8, D5) Oral exercise. Match appropriate elements from each column to form sentences. Pay attention to verb tenses.

Пока́ ты гуля́л, был интере́сный фильм по телеви́зору.

1. Пока́ я гуля́л, . . .

2. Пока́ шёл дождь, . . .

3. Пока́ ты бу́дешь де́лать уро́ки, . . .

4. Пока́ вы бу́дете покупа́ть пода́рок, . . .

5. Пока́ ты рисова́л, . . .

6. Пока́ ты бу́дешь на рабо́те, . . .

мы зака́жем биле́ты.

я почита́ю газе́ту.

был интере́сный фильм по телеви́зору.

к нам пришли́ го́сти.

я схожу́ в магази́н.

ма́ма пригото́вила ры́бу.

УПРАЖНЕНИЕ 10. Combine words to suggest activities of a short duration. Change verb forms as necessary.

Дава́й порабо́таем

Дава́й   погуля́ть.   1._____
         игра́ть.
         чита́ть.   2._____
         смотре́ть телеви́зор. 3._____
         фотографи́ровать.
                            4._____
         слу́шать му́зыку.
         танцева́ть.   5._____
         есть.
         пить.   6._____

                            7._____

                            8._____

                            9._____

УПРАЖНЕНИЕ 11. Change the sentences below according to the example.

Я обы́чно ве́чером гуля́ю с соба́кой.
Сего́дня ве́чером я немно́го погуля́ю с соба́кой.

1. Я ча́сто ве́чером рису́ю.

_____

2. Я всегда́ в суббо́ту хожу́ по па́рку.

_____

3. Я всегда́ у́тром игра́ю с бра́том.

_____

4. Я обы́чно днём занима́юсь му́зыкой.

_____

5. Я ча́сто по́сле заня́тий говорю́ по телефо́ну с дру́гом.

_____

УПРАЖНЕНИЕ 12. Change the sentences below according to the example.

Я обы́чно до́лго гуля́ю с соба́кой.
Я хоте́л бы ещё погуля́ть с соба́кой.

1. Я всегда́ до́лго говорю́ по телефо́ну до́ма.

_____

2. Я всегда́ до́лго рису́ю.

_____

3. Я обы́чно долго хожу́ по ле́су.

_____

4. Я обы́чно до́лго игра́ю на гита́ре.

_____

УПРАЖНЕНИЕ 13. Using the clues below, fill in the missing words, and another word from this lesson will appear diagonally. The first letters are given for you.

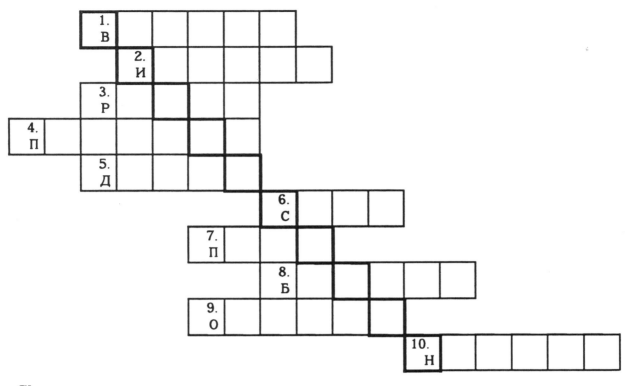

Clues

1. Ва́ня — о́чень че́стный ма́льчик. Он _____ говори́т пра́вду.

2. Обы́чно ле́том у нас тепло́, но _____ и в ию́не идёт снег.

3. В теа́тр я хожу́ _____ , потому́ что у меня́ совсе́м нет вре́мени.

4. Смотри́, како́й интере́сный худо́жник. Я хочу́ заказа́ть свой _____ .

5. Худо́жник писа́л портре́т совсе́м не _____ — 20 мину́т.

6. Я подарю́ _____ портре́т ба́бушке.

7. _____ худо́жник рису́ет твой портре́т, я схожу́ в магази́н.

8. Я не люблю́ кла́ссику, я _____ люблю́ рок.

9. _____ я де́лаю уро́ки 2 часа́, но вчера́ я сиде́л 3 часа́, потому́ что бы́ло мно́го зада́ч по матема́тике.

10. На Арба́те всегда́ мно́го _____ — все хо́дят, смо́трят, фотографи́руют.

УПРАЖНЕНИЕ 14. Insert the missing antonyms.

УПРАЖНЕНИЕ 15. After visiting the Arbat, Pam wrote a letter to her Russian teacher back home. She told him who had gone to the Arbat with her and said that she had had her portrait painted. While the artist was painting, her friends walked around, chatted with the artists, got something to eat, and took pictures. Pam wrote that she liked the Arbat and explained why. When they returned home, it was already late and their Russian host families were worried. Unfortunately, this letter was lost before Pam could send it. Reconstruct Pam's letter on a separate sheet of paper.

УПРАЖНЕНИЕ 16. Describe this picture either orally or in writing on a separate sheet of paper.

УРОК 13 (Тринадцатый урок)

Самый любимый праздник.

УПРАЖНЕНИЕ 1.   (A1) Oral exercise. Following the model, make up short dialogues about people's favorite things. Change forms as necessary.

— Какие твои любимые уроки?
— Уроки биологии и математики.

Какой	твой	любимый	праздник/праздники?
			рок-группа/группы?
			пластинка/пластинки?
			вид спорта/виды спорта?
			фильм/фильмы?
			мороженое?
			занятие?

УПРАЖНЕНИЕ 2.   Write five questions about Russian singers, actors, books, places, etc, in the superlative degree.

Какие самые популярные рок-группы в России?

1. _____

2. _____

3. _____

4. _____

5. _____

УПРАЖНЕНИЕ 3. Fill in the names of the months that belong to each season.

Spring months (весéнние мéсяцы)	Summer months (лéтние мéсяцы)	Fall months (осéнние мéсяцы)	Winter months (зíмние мéсяцы)
_____	_____	_____	_____
_____	_____	_____	_____
_____	_____	_____	_____

УПРАЖНЕНИЕ 4. (D3) Fill in the blanks with ordinal numbers as in the example below.

Апрéль — четвёртый мéсяц в годý.

Декáбрь — _____ мéсяц в годý.

Май — _____ мéсяц в годý.

Октя́брь — _____ мéсяц в годý.

Феврáль — _____ мéсяц в годý.

Сентя́брь — _____ мéсяц в годý.

Áвгуст — _____ мéсяц в годý.

Янвáрь — _____ мéсяц в годý.

Июль — _____ мéсяц в годý.

Ноя́брь — _____ мéсяц в годý.

Март — _____ мéсяц в годý.

Июнь — _____ мéсяц в годý.

Апрéль — _____ мéсяц в годý.

УПРАЖНЕНИЕ 5. (B3, D4) Complete these sentences by filling in the date of each of these holidays.

Нóвый год отмечáют пéрвого января́.

1. В США, День Ветерáнов отмечáют _____

2. Междунарóдный Жéнский День отмечáют _____

3. День Побéды отмечáют _____

4. Прáздник весны́ и трудá отмечáют _____

    _____

5. Правослáвное Рождествó отмечáют _____

    _____

УПРАЖНЕНИЕ 6.   On a separate sheet of paper, write two notes conveying greetings, congratulations, and best wishes for a holiday. Address one note to a friend and the other to an adult acquaintance. Choose any holiday you wish.

УПРАЖНЕНИЕ 7. Complete these sentences by filling in the date on which each of these American holidays is celebrated.

День пáмяти Мáртина Лю́тера Кѝнга всегдá бывáет в трéтий понедéльник января́. Рождествó всегдá бывáет двáдцать пя́того декабря́.

1. День Президéнта всегдá бывáет _____

2. День Благодарéния всегдá бывáет _____

3. День Святóго Валентѝна всегдá бывáет _____

4. День Незавѝсимости всегдá бывáет _____

5. День Пáмяти всегдá бывáет _____

6. Хэллоуѝн всегдá бывáет _____

7. День Мáтери всегдá бывáет _____

8. День Трудá всегдá бывáет _____

УПРАЖНЕНИЕ 8. (D3) Fill in the blanks with the phrase **десятый класс** in the appropriate form.

1. Я учусь в _____ .

2. Все хотят дружить с нашим _____ .

3. У _____ есть своя газета.

4. Учителя любят _____ , потому что в этом классе ученики много думают и хорошо работают.

5. Вчера нашему _____ подарили шоколадный торт, потому что мы выиграли соревнование по футболу.

6. В музее была вся школа, только нашего _____ не было, потому что мы готовили программу для концерта.

7. Наш _____ очень весёлый, мы любим петь и танцевать.

УПРАЖНЕНИЕ 9. Когда твой день рождения? Когда дни рождения твоих родителей? Братьев? Сестёр? Бабушек? Дедушек? Друзей?

Мой день рождения — семнадцатого апреля.

1. Мой день рождения — _____

2. День рождения моей мамы — _____

3. День рождения моего папы — _____

4. _____

5. _____

6. _____

УПРАЖНЕНИЕ 10. (D2) Oral exercise. Combine elements from each column to form sentences. Add other place-names if you wish.

Я ре́дко быва́ю в ци́рке.

Я	ча́сто	быва́ю	в кино́.
Мои́ роди́тели	ре́дко	быва́ют	у врача́.
Мой брат	никогда́	не быва́ет	в ци́рке.
Моя́ сестра́			на стадио́не.
			в музе́е.

УПРАЖНЕНИЕ 11. Oral exercise. Како́е у них люби́мое заня́тие?

1.   2.   3.

УПРАЖНЕНИЕ 12. Fill in the blanks with the correct Russian forms of the words in English.

Что я могу́ написа́ть тебе́? Сего́дня у нас День Ма́тери. Э́тот пра́здник всегда́

_____ .
                    (takes place the second Sunday in May)

В э́том году́ э́то бы́ло _____ . Утром мы
                              (12th of May)

поздравля́ем _____ , да́рим _____ краси́вые цветы́. В э́тот день ма́ма ничего́
                  (mother)   (her)

не гото́вит, мы _____ в рестора́н, там мы _____ вку́сный
                      (drive)   (eat)

обе́д. Пото́м мы е́дем в кино́ и́ли на конце́рт.

Скоро у мáмы и пáпы бýдет _____ их свáдьбы.

(anniversary)

_____ придýт их друзья́, и они _____

(To our house) (will eat,

_____ . Но мой _____ прáздник —

drink, and dance) (favorite family)

Это, конéчно, мой день рождéния. Он всегдá _____ лéтом, когдá погóда

(takes place)

хорóшая. Я люблю́ Этот день.

УПРАЖНЕНИЕ 13. Find four words hidden in the word below and write them in the spaces below:

п о б е д а

_____   _____   _____   _____

УПРАЖНЕНИЕ 14. Fill in this puzzle with the names of months, and another word from this lesson will appear diagonally.

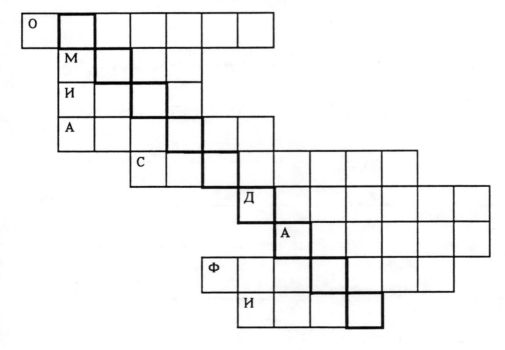

УПРАЖНЕНИЕ 15. Number the Russian holidays given below according to the order in which they occur during the year.

День Побе́ды _____   Же́нский день _____

Но́вый год _____   Пе́рвое ма́я _____

Правосла́вное Рождество́ _____

УПРАЖНЕНИЕ 16. Do the same for these American holidays.

День Ма́тери _____   День Незави́симости _____

День па́мяти Ма́ртина Лю́тера Ки́нга _____   День Труда́ _____

День Благодаре́ния _____   День Па́мяти _____

УПРАЖНЕНИЕ 17. Wall newspapers are the Russian equivalent of bulletin boards in American schools. On a separate sheet of paper, write a description of how you celebrate your favorite holiday for a wall newspaper.

УПРАЖНЕНИЕ 18. Describe these pictures either orally or in writing on a separate sheet of paper.

УРОК 14 (Четырнадцатый урок)

Скоро Новый год!

УПРАЖНЕНИЕ 1. (D1) Oral exercise. Combine elements from each column to form sentences. Change forms as necessary.

У меня есть	один	билет	на	ёлка	для	школьников.
	два			концерт		старшеклассников.
	три			вечер		детей.
	четыре			спектакль		
	пять			бал-маскарад		

УПРАЖНЕНИЕ 2. Write the Russian word for each of these items in the spaces provided.

1. _____ 2. _____ 3. _____

4. _____ 5. _____ 6. _____

7. _____ 8. _____ 9. _____

  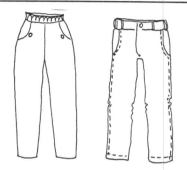

10. _____ 11. _____ 12. _____

УПРАЖНЕНИЕ 3. (D1) Oral exercise. Для кого эта одежда? Для мужчин? Для женщин? Для девочек? Для мальчиков?

УПРАЖНЕНИЕ 4. (D1) Create meaningful word combinations by using для to connect nouns from the two columns below. Change the form of the second noun as necessary.

Праздник для детей.

Праздник	для	дети
Альбом		родители
Подарок		старшеклассники
Концерт		ёлка
Игрушки		школьники
Бал		открытки
Сумка		фотографии

1. _____

2. _____

3. _____

4. _____

5. _____

6. _____

7. _____

8. _____

УПРАЖНЕНИЕ 5. Following the example below, respond to each wish with a suggestion.

— Я хотéл бы посмотрéть фильм на рýсском языкé.
— Ты мóжешь пойти в кинотеáтр «Центрáльный». Там как раз идёт нóвый рýсский фильм.

1. — Я хотéл бы познакóмиться с рýсскими шкóльниками.

_____

_____

2. — Я хотéл бы посмотрéть рýсскую телепрогрáмму.

_____

_____

3. — Я хотéла бы поигрáть в бадминтóн.

_____

_____

4. — Я хотéл бы почитáть рýсские газéты.

_____

_____

5. — Мы хотéли бы съéздить в Москвý.

_____

_____

УПРАЖНЕНИЕ 6.   Write a brief dialogue in which you ask someone to do something for you and he/she refuses. Follow the model.

— Ты мóжешь дать мне свой фотоаппарáт?
— К сожалéнию, не могý. У меня нет фотоаппарáта.

Вам нáдо: заказáть билéты в кинó.

                 погулять с собáкой.

                 пригласить друзéй в гóсти.

                 посмотрéть слóво в словарé.

                 написáть письмó по-рýсски.

1. _____

_____

2. _____

_____

3. _____

_____

4. _____

_____

5. _____

_____

УПРАЖНЕНИЕ 7. Fill in the appropriate form of the verb **мочь.**

1. Извини́те нас. Вчера́ шёл снег и мы не _____ прие́хать к вам. Но сего́дня

   ве́чером мы _____ прие́хать. Ла́дно?

2. Ру́сские шко́льники _____ прие́хать в Аме́рику и́ли в октябре́ и́ли в

   ноябре́. Когда́ лу́чше?

3. В ска́зке о Зо́лушке кто не _____ наде́ть ту́флю? А кто наде́л?

4. К сожале́нию, в пя́тницу ве́чером, как пра́вило, у меня́ трениро́вка и я не

   _____ встре́титься с ва́ми.

5. Ой, каки́е краси́вые ро́зы! Вы _____ сфотографи́ровать меня́

   с ро́зами?

6. — Та́ня, почему́ ты вчера́ не _____ прийти́ ко мне? Рабо́тала?

   — Я де́лала уро́ки. А сего́дня ве́чером я _____ . Обяза́тельно приду́.

7. Кто _____ знать, что пого́да бу́дет така́я холо́дная?

8. У меня́ есть биле́т на спекта́кль сего́дня ве́чером. Вы _____ пойти́?

9. — Ты не зна́ешь, где мы _____ купи́ть пригласи́тельный биле́т на ёлку в

   Лужники́? Я хоте́л бы пойти́ туда́.

   — Не зна́ю. Но мои́ роди́тели _____ узна́ть.

УПРАЖНЕНИЕ 8.   Кто есть кто? Write the number of each person next to the appropriate description.

____ Миша в новых джинсах.

____ Маша в старых сапогах.

____ Саша в больших туфлях.

____ Гриша в тёмных очках.

____ Серёжа в чёрных брюках.

____ Лена в белой юбке.

УПРАЖНЕНИЕ 9.   Oral exercise. Combine elements from each column to form sentences. Change adjective and noun forms as necessary.

У меня/много/хорошие/фотоаппараты.

У меня много хороших фотоаппаратов.

У меня	много	русские	марки.
	мало	американские	значки.
	нет	красивые	пластинки.
		новые	газеты.
		старые	книги.

УПРАЖНЕНИЕ 10. Rewrite these sentences changing the nouns and adjectives to plural.

Он живёт в большо́м до́ме.
Они́ живу́т в больши́х дома́х.

1. В э́том до́ме есть хоро́ший магази́н.

   _____

2. В америка́нской шко́ле рабо́тает ру́сский учи́тель.

   _____

3. Де́вочка пришла́ на бал в но́вом пла́тье.

   _____

4. Мой друг у́чится в моско́вском институ́те.

   _____

5. В америка́нской газе́те мно́го рекла́м.

   _____

6. В э́той гости́нице нет свобо́дной ко́мнаты.

   _____

7. Во вре́мя шко́льных кани́кул мы бы́ли на нового́дней ёлке.

   _____

8. На семе́йном пра́зднике у нас быва́ет мно́го госте́й.

   _____

9. В газе́те написа́ли о ру́сском спортсме́не.

   _____

10. Я мно́го слы́шал об э́том америка́нском пра́зднике.

   _____

УПРАЖНЕНИЕ 11. Summer is here! Imagine you are packing for a week's trip to New York. Make a list of the clothing you need to take with you. List six items.

Мне на́до:

For girls: *For boys:*

_____   _____

_____   _____

_____   _____

_____   _____

_____   _____

_____   _____

УПРАЖНЕНИЕ 12. Irina Petrovna, the owner of an arts and crafts store, is preparing her order for the New Year's season. Below is her list. Add to it.

_____   _____

_____   _____

_____   _____

_____   _____

УПРАЖНЕНИЕ 13. Write the Russian equivalents of the words given below into this tree:

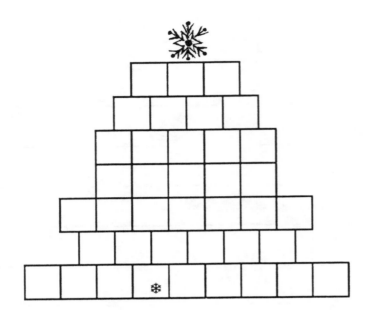

1. shirt
2. shoes
3. pants
4. Grandfather Frost
5. dance
6. (*New Year's/Christmas*) tree
7. jacket

УПРАЖНЕНИЕ 14. Fill in this puzzle with the Russian words for the items listed below. When you have completed the puzzle, another word from the lesson will appear horizontally.

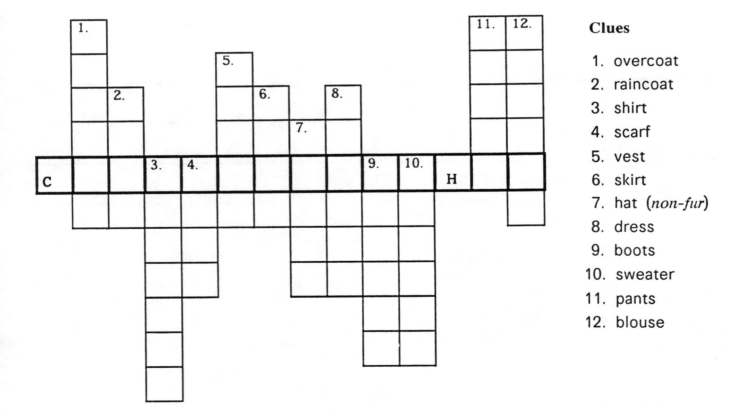

Clues

1. overcoat
2. raincoat
3. shirt
4. scarf
5. vest
6. skirt
7. hat (*non-fur*)
8. dress
9. boots
10. sweater
11. pants
12. blouse

УПРАЖНЕНИЕ 15. Laura wrote a composition for her Russian class about how Americans celebrate Christmas, but her handwriting is poor, so some words are unreadable. Fill them in for her.

Как американцы отмечают Рождество.

У американцев любимый праздник — Рождество. Они покупают подарки, дарят их

друг другу. В домах у них украшения: _____ ,
(wreaths)

гирлянды, _____ , чулки с _____ и, конечно, ёлка.
(candles)   (presents)

На Рождество они обычно едят _____ , иногда пьют шампанское и поют
(turkey)

красивые, весёлые песни. У них есть Дед Мороз, но нет _____ .
(Snow Maiden)

Дети очень любят Деда Мороза. Он _____ красный с белым костюм, у него
(puts on)

длинная белая борода и в руках подарки — _____ . Американцы
(many presents)

очень любят их дарить на Рождество — некоторые думают, что даже слишком. Но

детям это очень нравится.

УПРАЖНЕНИЕ 16. Describe this picture either orally or in writing on a separate sheet of paper.

Урок 15 (Пятнадцатый урок)

Review of Lessons 11-14.

Numbers in parentheses refer to the chapters in the text containing information about the material covered.

УПРАЖНЕНИЕ 1.   (11, 12) Write sentences using ходи́ть or е́здить to tell where you typically go on five days of the week.

В понеде́льник я обы́чно хожу́/е́зжу в библиоте́ку.

1. _____

2. _____

3. _____

4. _____

5. _____

УПРАЖНЕНИЕ 2.   (12) Use the words ча́сто, ре́дко, никогда́ не, or ка́ждый in sentences about the frequency of each of these actions. Pay attention to the difference between идти́/ходи́ть and е́хать/е́здить.

Ребя́та иду́т в шко́лу.
Ребя́та хо́дят в шко́лу ка́ждый день.

1. Ма́льчики е́дут на стадио́н.

_____

2. Све́та идёт на трениро́вку.

_____

3. Ви́тя е́дет в бассе́йн.

_____

4. Я иду́ к врачу́.

_____

5. Мои́ роди́тели иду́т в теа́тр.

_____

6. Учи́тельница е́дет со шко́льниками в Москву́.

_____

УПРАЖНЕНИЕ 3. (11, 12) Make up sentences of your own using this sentence pattern.

Я   схожу́   _____ ,   а ты пока́   _____ .
    съе́зжу   _____ ,   _____ .

Я схожу́ на по́чту, а ты пока́ почита́й газе́ту.

1. _____

_____

2. _____

_____

3. _____

_____

4. _____

_____

5. _____

_____

УПРАЖНЕНИЕ 4. (11) Write brief dialogues following the model. For the part of the first speaker, form questions with words given below. Use the verbs **ходи́ть** and **е́здить** in the answers.

— Где ты был вчера́ ве́чером?
— Я ходи́л в го́сти к дру́гу.

Где	ты	был	вчера́	ве́чером?
	он	бы́ли		днём?
	вы	была́		у́тром?

1. _____

_____

2. _____

_____

3. _____

_____

УПРАЖНЕНИЕ 5. (11) Rewrite the sentences below, replacing the verb **быть** with the verbs **ходи́ть/ е́здить** or vice versa. Change the noun forms as necessary. Then say whether each sentence answers the question **где?** or **куда́?**

Вчера́ мы бы́ли в теа́тре. (где?)
Вчера́ мы ходи́ли в теа́тр. (куда́?)

1. Вчера́ мой друг был в библиоте́ке. _____

_____

2. В четве́рг мы е́здили в музе́й. _____

_____

3. Во вто́рник моя́ сестра́ была́ на экску́рсии. _____

_____

4. В суббо́ту моя́ семья́ была́ в це́ркви. _____

_____

5. Вчера́ наш класс ходи́л в цирк. _____

_____

УПРАЖНЕНИЕ 6.   (11) Fill in the nominative or accusative forms of весь (весь, всю, всё, все) as necessary.

1. Вчера́ _____ на́ши ребя́та бы́ли на стадио́не.

2. _____ день была́ плоха́я пого́да.

3. — И ты прочита́л _____ э́ти кни́ги?

— Не _____ , коне́чно, но уже́ мно́го.

4. _____ пришли́ поздравля́ть но́вого чемпио́на.

5. — Что пи́шет ба́бушка?

— Я прочита́л ещё не _____ письмо́.

6. Неуже́ли _____ э́та кни́га о ко́шках?

7. Мы посмотре́ли _____ у́лицу, но так и не уви́дели апте́ку.

8. Ты получи́ла _____ мои́ откры́тки из Москвы́?

УПРАЖНЕНИЕ 7. (13) Below is Kostya Nikolayev's schedule for the week. Refer to it as you answer the questions below.

Январь 199__5__ года

Дáта		
1	Понедéльник	*Ёлка в Кремлé*
2	Втóрник	*Концéрт, Дворéц молодёжи*
3	Средá	*Встрéча с америкáнскими шкóльниками у Игоря*
4	Четвéрг	*Кинó, кинотеáтр «Россúя»*
5	Пя́тница	*Идý с родúтелями в гóсти к Рóзовым*
6	Суббóта	*День рождéния у Иры Морóзовой*
7	Воскресéнье	*Соревновáние по лы́жам*

— Где был Кóстя Николáев в понедéльник?
— В понедéльник пéрвого января́ он был на ёлке в Кремлé.

1. — Где был Кóстя Николáев во втóрник?

_____

2. — Где был Кóстя Николáев в срéду?

_____

3. — Где был Кóстя Николáев в четвéрг?

_____

4. — Где был Кóстя Николáев в пя́тницу?

_____

5. — Где был Кóстя Николáев в суббóту?

_____

6. — Где был Кóстя Николáев в воскресéнье?

_____

УПРАЖНЕНИЕ 8.   (11) Fill in the blanks with the verb forms понра́вился, понра́вилась, понра́вилось, понра́вились or нра́вится, нра́вятся. Remember to use the perfective verbs to describe your immediate reaction to something new. Use the imperfective verbs to describe how you feel about something now.

1. Вчера́ мы бы́ли в музе́е. Там бы́ло о́чень интере́сно. Но мне бо́льше всего́ _____

   _____ одна́ кни́га. В э́той кни́ге бы́ли ма́ленькие, но о́чень краси́вые

   рису́нки.

2. Мне о́чень _____ чита́ть. И я чита́ю всё, что я ви́жу: кни́ги,

   газе́ты, журна́лы.

3. — Кто э́тот ма́льчик?

   — Это наш но́вый учени́к. Я уже́ встреча́л его́ у Ната́ши в гостя́х, и он мне о́чень

   _____ .

4. — Тебе́ _____ э́то зда́ние?

   — Нет, не о́чень. Я не люблю́ сли́шком высо́кие дома́. Мне _____

   ма́ленькие дома́.

5. — Каки́е краси́вые цветы́! Они́ тебе́ _____ ?

   — Да, о́чень.

6. — Отку́да у тебя́ э́та ша́пка?

   — Когда́ я был в Москве́, я уви́дел её и она́ мне о́чень _____ ,

   и тогда́ мой друг подари́л мне её.

   — Хоро́шая ша́пка, мне она́ то́же _____ .

7. — Посмотри́, каки́е краси́вые карти́ны!

   — Да, о́чень. Мне _____ э́тот худо́жник. Дава́й зака́жем свои́

   портре́ты.

8. — Ты вчера́ был у И́горя?

   — Да, был.

   — Ну и как, _____ ?

   — Да, о́чень _____ . Там бы́ло о́чень интере́сно.

УПРАЖНЕНИЕ 9.   Fill in the blanks with the possessive pronouns свой, его, её, их as appropriate.

1. Антóн взял _____ дневни́к и пошёл домóй. Мáма посмотрéла _____

   _____ дневни́к и сказáла: „Что случи́лось, Антóн?“

2. К нам приéхал брат. Бáбушка сказáла: „Как мы рáды, что ты приéхал. Ты не

   забы́л _____ дом?“

3. Кáтя показáла _____ рабóту учи́телю. Учи́тель посмотрéл _____

   рабóту и сказáл: „Хорóшая рабóта“.

4. Олéг забы́л _____ словáрь дóма. Учи́тельница далá емý на урóке

   _____ словáрь. Пóсле урóка Олéг отдáл учи́тельнице _____ словáрь.

УПРАЖНЕНИЕ 10. Complete these sentences, using the correct accusative form of the demonstrative
adjective э́тот (э́ту, э́того, э́то). Follow the example.

— Ты не читáл письмó от бáбушки?
— Нет, я ещё не ви́дел э́то письмó.

1. — Я купи́л нóвую кни́гу Аксёнова.

   — А я ужé купи́ла _____ .

2. — Николáй Петрóвич расскáзывал нам о писáтеле Чéхове.

   — Я ви́дел _____ по телеви́зору.

3. — Какóй краси́вый альбóм у Натáши!

   — Мы ужé ви́дели _____ .

4. — Вчерá мы ви́дели Кóстю в теáтре. Это учени́к из шкóлы, где мы у́чимся.

   — Я не знáю _____ .

УПРАЖНЕНИЕ 11. Fill in the correct forms of свой, твой, мой, его, её.

1. У Джо́на есть друг в Москве́. Джон хоте́л написа́ть ему́ письмо́, но забы́л _____ а́дрес.

2. — Ната́ша, дай мне каранда́ш, я забы́ла _____ каранда́ш до́ма.

3. Ма́ма пошла́ в магази́н и забы́ла _____ су́мку.

4. — _____ па́па сейча́с в Нью-Йо́рке? Мы мо́жем пое́хать на _____ маши́не?

   — Да, он в Нью-Йо́рке, но он мне никогда́ не даёт _____ маши́ну.

5. Моя́ сестра́ Ни́на рабо́тает в институ́те. Она́ говори́т, что _____ институ́т са́мый хоро́ший в го́роде. Она́ о́чень лю́бит _____ институ́т и _____ рабо́ту.

УПРАЖНЕНИЕ 12. Find eleven words that start with the letter п and circle them.

П	Р	О	Е	Х	А	Т	Ь	Ш	Д	Щ	М	У	Ь	П
Р	О	О	У	Ы	Г	Ы	К	Ф	П	О	З	Д	Н	О
Я	З	М	Е	Г	К	У	Ш	Ы	С	Щ	Ь	Ш	Т	Н
М	Г	Ь	О	Х	Э	Л	Т	П	О	М	И	Д	О	Р
О	Й	Й	Я	Ч	У	М	К	Н	Е	Р	Ш	Т	П	А
Ш	Ы	П	Ц	Е	Ь	Р	Т	Д	А	У	Р	П	Щ	В
П	Е	Р	Е	У	Л	О	К	У	П	Х	А	Р	Ф	И
Е	Р	Х	Д	Р	Щ	М	У	Ж	О	Ц	Ё	И	Ъ	Т
Ь	Н	Р	У	М	Е	Э	Ш	Т	-	Р	Щ	Н	Б	Ь
З	У	Ш	А	Т	В	Х	Й	П	Р	И	В	Е	Т	С
С	Р	К	Ш	Ы	Е	Ъ	О	Ч	У	Ц	К	С	Д	Я
Ы	Ф	М	У	Ы	Й	Ё	П	Д	С	Э	Ж	Т	Ч	Л
Щ	Т	Л	Н	Ш	Н	Х	И	Ъ	С	Ь	А	И	Ё	С
В	Ч	З	Э	Г	Е	Ф	Т	Х	К	Д	Ю	Б	Ъ	Х
П	О	Н	Е	Д	Е	Л	Ь	Н	И	К	О	Щ	У	Д

УПРАЖНЕНИЕ 13. Solve this crossword puzzle.

По горизонтáли — Across:

4. Онá вкýсная и дорогáя.
6. Не чáсто.
8. Это бывáет днём в Росси́и. Лю́ди идýт к столý и едя́т.
10. Тёплая одéжда для óсени и весны́.
11. Церкóвный прáздник. Егó отмечáют веснóй.
16. Тёплая зи́мняя одéжда.
17. День, когдá все поздравля́ют мýжа и женý, день, когдá начинáется нóвая семья́.
20. Это должнó быть у тебя́, когдá ты идёшь на стадиóн, в теáтр, в кинó.
21. Мéсто в здáнии в гóроде, где живёт однá семья́.
22. Дéньги.
23. Назвáние лéтнего мéсяца.
26. Назвáние лéтнего мéсяца.
27. Нáдо хорошó знать их, когдá ты игрáешь на пиани́но и́ли на скри́пке.

По вертикáли — Down:

1. Это слóво есть в календарé и в математи́ке.
2. Лю́ди однóй страны́.
3. Одéжда. Это надевáют с брю́ками и́ли ю́бкой.
5. Назвáние осéннего мéсяца.

7. Одежда. Её любят надевать и мужчины и женщины.
9. Праздник на новый год.
12. Это надевают на ноги.
13. Праздничный вечер с танцами.
14. Тёплая одежда.
15. Женская одежда.
18. Последний месяц в календаре.
19. Кремль — это _____ Москвы, Золотой мост — это _____ Сан-Франциско.
24. Это бывает вечером. Люди идут к столу и едят.
25. Это готовят к праздничному столу.

УПРАЖНЕНИЕ 14. Solve these rebuses.

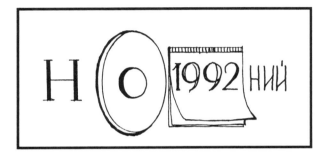

1. _____

2. _____

3. _____

4. _____

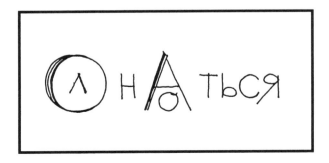

5. _____

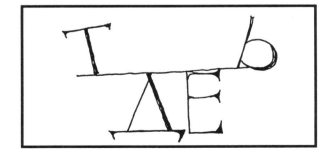

6. _____

 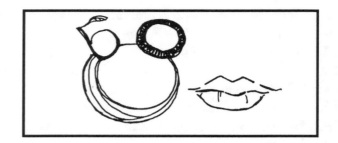

7. _____   8. _____

УПРАЖНЕНИЕ 15. Fill in the puzzle below with words relating to New Year's and Christmas.

Урок 16 (Шестнадцатый урок)

Который час?

УПРАЖНЕНИЕ 1. (A1, A3) Combine words below to form time expressions, and give their English equivalents. Change forms as necessary.

Два часа́ дня бу́дет 2 p.m.

Два	час	утра́	_____
Четы́ре		дня	_____
Пять		ве́чера	_____
Семь		но́чи	_____
Де́вять			_____
Де́сять			_____

УПРАЖНЕНИЕ 2. (B7, B8, D3) Кото́рый час?

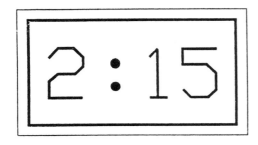

1. _____

2. _____

2:45

3. _____

3:10

4. _____

3:30

5. _____

1:30

6. _____

УПРАЖНЕНИЕ 3.   (B4, D5) Form sentences using the word начáло or конéц to tell when each event starts or ends. Follow the example. Write out the time in words.

Урóки начинáются в 8.30.
Начáло урóков в вóсемь трúдцать.

1. Урóки кончáются в 2.15.

_____

2. Концéрт начинáется в 19 часóв.

_____

3. Спектáкль кончáется в 10.45.

_____

4. Экскýрсия начинáется в 13.30.

_____

5. Занятия начинáются в 9 часóв.

_____

УПРАЖНЕНИЕ 4.   (A7, D4) Form sentences from the elements below to tell the time of day. Then say it is time to go somewhere.

Скóро пять часóв. Порá éхать в аэропóрт.

Скóро _____ час.   Порá идтú в _____ .
                    часá.   éхать на
                    часóв.

1. _____

2. _____

3. _____

УПРАЖНЕНИЕ 5. Oral exercise. Create brief dialogues using the verb опоздáть. Follow the model.

— Я не опоздáю?
— Да, ты мóжешь опоздáть.

Ребя́та   (не) опоздáть?
Джон
Мэ́ри
Мы
Вы
Я
Ты

УПРАЖНЕНИЕ 6. Complete these brief dialogues by telling how much time is left. Write out the time in words.

— Урóк начинáется в 8.30.
— А сейчáс 8.15. У нас ещё есть пятнáдцать минýт.

1. — Спектáкль начинáется в 7 часóв.

   — А сейчáс 6.30. У нас _____

2. — Матч начинáется в 12 часóв.

   — А сейчáс 11.15. У тебя́_____

3. — Гóсти придýт в 6 часóв.

   — А сейчáс ещё тóлько 3 часá. У нас _____

4. — Родúтели приéдут в 5 часóв.

   — А сейчáс тóлько 4 часá. У тебя́ _____

УПРАЖНЕНИЕ 7. When you complete this puzzle, a subject that you are studying in school will
appear horizontally.

Clues:

1. math
2. drawing
3. algebra
4. literature
5. chemistry
6. Russian (language)
7. history
8. physical education
9. astronomy
10. native language
11. geometry
12. physics
13. music
14. ethics

УПРАЖНЕНИЕ 8. Imagine that you are visiting a school in Moscow and you have been asked which
subjects you would like to take. Choose three subjects that you already know and
three that are new. To review the subjects offered in a typical Russian school, check
your textbook.

Familiar subjects

1. _____

2. _____

3. _____

New subjects

1. _____

2. _____

3. _____

УПРАЖНЕНИЕ 9. Fill in the schedule below with the academic subjects you are currently studying.

Расписание уроков

понедельник	вторник	среда
1.		
2.		
3.		
4.		
5.		
6.		

четверг	пятница	суббота
1.		
2.		
3.		
4.		
5.		
6.		

УПРАЖНЕНИЕ 10. After working with the American students studying in her school, Mrs. Vorontsova wrote the following incomplete composition to test the Americans' mastery of Russian. Fill in the blanks that she left. Write the numbers out in words.

Мой шко́льный день

Уро́ки в на́шей моско́вской шко́ле _____ ка́ждый день
                                                          (begin)

_____ .
                                    (at 8:30)

_____ , но не óчень _____ ,
        (Sometimes)   (frequently)

ребя́та _____ на уро́ки, потому́ что они́ _____
          (are late)

_____ .
          (love to talk in the corridor)

Мой пе́рвый уро́к — _____ . Этот уро́к _____
            (biology)   (ends)

_____ .
          (at 9:15)

Пото́м у нас ма́ленький переры́в, и _____
          (the second lesson begins at 9:25)

_____ .

Нача́ло _____
          (of the third lesson)

_____ .
          (at 10:45)

Нет, э́то оши́бка. Нача́ло _____ .
          (at 10:30)

_____ . По́сле четвёртого уро́ка,

_____ ,
          (at 12:20)

америка́нские ученики́ _____ . По́сле обе́да
          (have dinner)

у нас обы́чно экску́рсия. _____ в метро́
          (Along the way)

мы смо́трим афи́ши. Каки́е фи́льмы иду́т сего́дня ве́чером? Когда́ они́ _____

_____ ? Но нам говоря́т: „Ребя́та, _____
          (begin)   (it is time to go)

_____ , мы не хоти́м _____ в музе́й.“
                             (to be late)

УПРАЖНЕНИЕ 11. Tell when these events happened orally or in writing on a separate sheet of paper.

Урок 17 (Семнадцатый урок)

Звонок на урок.

УПРАЖНЕНИЕ 1.   В какие кружки они ходят?

Джон любит математику.
— Он ходит в математический кружок.

1. Оля любит химию.

_____

2. Мы любим русский язык.

_____

3. Сара любит политику.

_____

4. Борис любит историю.

_____

УПРАЖНЕНИЕ 2.   (A1, D2) Oral exercise. Combine elements from the columns below to
formulate questions. Then make up your own positive, negative, or doubtful
responses. Follow the model.

— Мы успеем по дороге купить билеты?
— Наверное, успеем. / Нет, не успеем. / Вряд ли.

Мы	успею		посмотреть афиши?
Вы	успеешь		съесть мороженое?
Я	успеем	по дороге	купить газеты?
Они	успеет		поговорить?
Ты	успеют		заказать очки?
Она	успеете		пофотографировать?

УПРАЖНЕНИЕ 3.   (D2) Respond to each question in the negative.

— Ты успе́ла в шко́лу?
— Нет, не успе́ла. Немно́го опозда́ла.

1. — Ты успе́л на по́езд?

_____

2. — Они́ успе́ли на авто́бус?

_____

3. — Ты успе́ла на экску́рсию?

_____

4. — Вы успе́ли на матч?

_____

УПРАЖНЕНИЕ 4.   (A1, A4, D2) Respond to each statement according to the model below.

Вам на́до встре́тить дру́га.
— Я успе́ю встре́тить дру́га?

1. Вам на́до купи́ть откры́тки и ма́рки.

_____

2. Нам на́до встре́тить роди́телей в аэропорту́.

_____

3. Ему́ на́до прочита́ть объявле́ния в газе́те.

_____

4. Ей на́до купи́ть пода́рки.

_____

5. Им на́до сде́лать дома́шнее зада́ние.

_____

УПРАЖНЕНИЕ 5.   (A1, A3, D1) Imagine it is 10:15 a.m. Write sentences saying how much time is left until each of the following events, following the model.

Переме́на конча́ется в 10.30.
Переме́на конча́ется че́рез 15 мину́т.

1. По́езд прихо́дит в 13.40.

_____

2. Матч начина́ется в 18 часо́в.

_____

3. Обе́д бу́дет в 14.30.

_____

4. Звоно́к с уро́ка бу́дет в 11.15.

_____

5. Звоно́к на уро́к бу́дет в 12.00.

_____

УПРАЖНЕНИЕ 6.   В како́м кабине́те рабо́тает кружо́к . . . ?

Хими́ческий кружо́к рабо́тает в кабине́те хи́мии.

1. Кружо́к ру́сского языка́ рабо́тает _____

_____

2. Физи́ческий кружо́к рабо́тает _____

_____

3. Литерату́рный кружо́к рабо́тает _____

_____

4. Математический кружок работает _____

_____

5. Географический кружок работает _____

_____

УПРАЖНЕНИЕ 7.   Underline the word that does not belong in each word group below.

1. Школа, звонок, перемена, учитель, афиша, кружок, кабинет.

2. Завтрак, обед, буфет, этаж, ресторан, кафе, закуска, пирожок.

3. Учительская, гардероб, буфет, зал, кабинет, класс, урок.

УПРАЖНЕНИЕ 8.   Oral exercise. Как вы думаете, почему он не успел?

УПРАЖНЕНИЕ 9. Complete the statements below. Pay attention to tense.

1. Де́ти, сего́дня по́сле уро́ков _____

2. По́сле того́, как я куплю́ пода́рок ма́ме _____

3. Ле́том по́сле того́, как начну́тся кани́кулы _____

4. Вчера́ по́сле того́, как пошёл снег _____

5. За́втра по́сле конце́рта _____

УПРАЖНЕНИЕ 10. (D3) Rewrite the sentences below using по́сле + noun or после того́, как + verb as appropriate.

Уро́к ко́нчился, и мы пошли́ в столо́вую.
По́сле уро́ка мы пошли́ в столо́вую.
и́ли:
После того́, как ко́нчился уро́к, мы пошли́ в столо́вую.

1. Мы посмотре́ли фильм и реши́ли пойти́ к Вади́му.

_____

_____

2. Мой брат прочита́л в газе́те о физи́ческом институ́те в Москве́ и реши́л поступа́ть туда́.

_____

_____

3. Рома́н уви́дел фотогра́фию Ни́ны и реши́л познако́миться с ней.

_____

_____

4. Снача́ла мы бы́ли в музе́е, а пото́м пошли́ в рестора́н.

_____

_____

5. Ната́ша уви́дела у Ка́ти но́вый фотоаппара́т и реши́ла купи́ть себе́ тако́й же.

_____

_____

УПРАЖНЕНИЕ 11. In this puzzle, find and circle fifteen words or expressions from exercise B1 in your textbook. The words and expressions may be arranged horizontally, vertically or diagonally.

К	О	Р	И	Д	О	Р	Ш	А	Ы	Г	С	Ш	С	К
О	А	Ш	Л	Щ	Б	И	Б	Л	И	О	Т	Е	К	А
М	Ъ	Н	Е	Р	Г	Ю	Ч	Х	Б	Й	О	Г	У	Б
П	Ж	Э	Ц	Ь	Н	А	Ф	С	У	Ш	Л	А	Ч	И
Ь	Ы	С	Р	Е	А	Ь	Ш	Т	П	Щ	О	Р	И	Н
Ю	У	Ф	З	А	Л	П	Ё	Д	М	Т	В	Д	Т	Е
Т	В	У	Ъ	Ц	О	Я	М	Щ	Т	У	А	Е	Е	Т
Е	Л	М	А	С	Т	Е	Р	С	К	А	Я	Р	Л	В
Р	Я	Ч	Ё	Ф	Г	Х	Т	И	С	Л	Ё	О	Ь	Р
Н	Ю	Ч	Б	В	У	Ы	З	Ф	Я	Е	О	Б	С	А
Ы	Ш	Ы	Ы	Ш	И	Б	У	Ф	Е	Т	Д	Ю	К	Ч
Й	К	Л	А	С	С	Р	У	Ж	Н	Ё	Ю	Х	А	А
З	У	Б	Н	О	Й	К	А	Б	И	Н	Е	Т	Я	Д

УПРАЖНЕНИЕ 12. Russian students will be coming to visit you soon. On a separate sheet of paper, write them a letter in which you describe your school and tell what is located on each floor.

УПРАЖНЕНИЕ 13. Write a description of the picture below either orally or in writing on a separate sheet of paper.

Урок 18 (Восемнадцатый урок)

Подарки друзьям.

УПРАЖНЕНИЕ 1. (A1, D1) Oral exercise. Combine elements from each column to form sentences.

Джон написа́л поздрави́тельные откры́тки ру́сским ребя́там.

Джон	написа́л	поздрави́тельные	ру́сским шко́льникам.
Са́ша	написа́ла	откры́тки	америка́нским шко́льникам.
Пи́тер			хоро́шим друзья́м.
Ма́ша			ру́сским ребя́там.
			шко́льным учителя́м.

УПРАЖНЕНИЕ 2. (A1, D2) Complete this chart of adjectives, adverbs, and their comparatives:

ма́ленький	ма́ло	ме́ньше
1. краси́вый	_____	_____
2. _____	интере́сно	_____
3. _____	хорошо́	_____
4. _____	_____	изве́стнее
5. плохо́й	_____	_____
6. _____	до́рого	_____
7. дешёвый	_____	_____

УПРАЖНЕНИЕ 3. (D2, D3) Fill in an appropriate comparative.

Наша команда сильнее, чем ваша.

1. Наша команда _____ , чем ваша.

2. Эта картина _____ , чем моя.

3. Наш город _____ , чем этот.

4. Мой брат _____ , чем я.

5. Эти книги _____ , чем старые.

6. Этот ресторан _____ , чем у нас в городе.

УПРАЖНЕНИЕ 4. Oral exercise. Combine words from each column into meaningful phrases.

набор дорогих конфет   an assortment of expensive candy

набор	американских	марок
	хороших	открыток
	дешёвых	конфет
	спортивных	пластинок
	почтовых	значков

УПРАЖНЕНИЕ 5. Fill in the blanks, using the words in parentheses in the dative case.

— Кому́ ты покупа́ешь э́тот пода́рок?
— Мои́м подру́гам. (Мои́ подру́ги)

1. — Кому́ ты пи́шешь э́то письмо́?

— _____ (Мой брат). Он уже́ год живёт в Пари́же.

2. — Кому́ вы да́ли ва́ши значки́?

— _____ (Америка́нские друзья́).

Они́ их собира́ют.

3. Я не зна́ю, кому́ подари́ть э́ту пласти́нку с ру́сскими пе́снями. Или _____

(Эли́са) и́ли _____ (Джон). Они́ о́чень лю́бят слу́шать ру́сские пе́сни.

4. — У меня́ есть хоро́шие я́блоки. Хо́чешь?

— Нет, спаси́бо, лу́чше дай _____ (э́ти ребя́та). Они́ ещё

ничего́ не е́ли.

УПРАЖНЕНИЕ 6. Fill in the blanks, using prepositions where necessary.

1. — К кому́ ты идёшь?

— _____ (моя́ подру́га). У неё сего́дня

день рожде́ния.

2. — Тебе́ нра́вится э́та но́вая кни́га?

— Нет, мне не нра́вится. Она́ нра́вится _____ (мои́

роди́тели).

3. К сожале́нию, я не могу́ пойти́ сего́дня с тобо́й. Мне ну́жно идти́ _____

   _____ (врач) в три часа́.

4. Вчера́ бы́ло о́чень ве́село: снача́ла мы пошли́ _____ (Вади́м),

   у него́ мы танцева́ли. А пото́м пошли́ _____

   (на́ши други́е друзья́), там мы у́жинали и смотре́ли ви́дик.

5. — Куда́ ты идёшь?

   — Я иду́ _____

   (наш учи́тель му́зыки). Я хочу́ взять у него́ англи́йские пе́сни.

УПРАЖНЕ́НИЕ 7. Fill in the blanks, following the model.

— Како́й э́то журна́л?
— Э́то журна́л для спортсме́нов.
— На́до купи́ть его́ на́шим спортсме́нам (на́ши спортсме́ны). Им бу́дет интере́сно чита́ть его́.

1. — Для кого́ э́ти сувени́ры?

   — Для америка́нских тури́стов. Мы купи́ли их _____

   _____ (америка́нские тури́сты).

2. Это цветы для Гали. Мы принесли эти цветы _____ (Галя), потому что у неё сегодня день рождения.

3. В Лужниках будет ёлка для детей. Надо купить билеты на ёлку _____ (дети).

4. А это русские книги для учителей. Мы обязательно купим эти книги _____ _____ (наши учителя).

УПРАЖНЕНИЕ 8.   Look at each pair of sentences below. Fill in the blank in the second sentence, using information contained in the first, as in the model.

Вадим собирает значки. Все друзья дарят Вадиму значки.

1. Ирина собирает открытки. Все друзья дарят _____ открытки.

2. Юра собирает маленькие машины-игрушки. Все друзья дарят _____ маленькие машины.

3. Антон собирает марки. Все друзья дарят _____ марки.

4. Мои сёстры собирают «хохлому». Все друзья дарят _____ «хохлому».

5. Мои родители собирают пластинки с музыкой русских композиторов. Все друзья дарят _____ пластинки.

6. Мои братья собирают спортивные сумки. Все друзья дарят _____ спортивные сумки.

УПРАЖНЕНИЕ 9.   Fill in the missing comparatives.

1. Что _____ : о́зеро Мичига́н и́ли Онта́рио?
                (bigger)

2. Кака́я маши́на _____ : «Тойо́та» и́ли «До́дж»?
                  (smaller)

3. Е́сли «па́лех» сто́ит три́ста рубле́й, а «хохлома́» сто, зна́чит, «хохлома́» _____ .
                                                                        (less expensive)

4. — Что _____ : кра́сная и́ли чёрная икра́?
              (more expensive)

    — По-мо́ему, чёрная.

5. — Кака́я кома́нда игра́ет _____ : америка́нская и́ли англи́йская?
                              (better)

    — По-мо́ему, англи́йская.

6. — Я так волнова́лась, когда́ чита́ла ле́кцию, и говори́ла _____ , чем я всегда́
                                                              (worse)

    говорю́.

7. — Како́й плато́к _____ : кра́сный и́ли зелёный?
                      (more beautiful)

    — Мне ка́жется, вот э́тот, зелёный, с кра́сными цвета́ми.

УПРАЖНЕНИЕ 10.   Fill in the blanks with the correct form of кото́рый. Add prepositions when
                 necessary.

1. Сего́дня ве́чером я пое́ду к Ири́не, _____ мы
                                          (at whose house)

    так хорошо́ отме́тили день рожде́ния.

2. Я хочу́ поговори́ть с Ли́лией о фи́льме, _____ мы ви́дели вме́сте.
                                              (which)

3. — С кем ты говори́ла по телефо́ну?

    — С тре́нером, _____ я пое́ду сего́дня ве́чером.
                    (to whose house)

4. — По́мнишь Ната́шу?

    — Каку́ю Ната́шу?

    — Ната́шу, _____ мы подари́ли самова́р. Она́ прие́дет в США ле́том.
                (to whom)

5. Самова́р, _____ мы говори́ли, мне о́чень нра́вится. Но он
   (about which)

о́чень дорого́й.

6. — Пока́ ты была́ в Нью-Йо́рке, тебе́ пришло́ письмо́.

   — Письмо́? От кого́?

   — От де́вушки, _____ ты познако́милась в Пари́же.
      (with whom)

7. — С кем ты идёшь на Нового́дний маскара́д?

   — С Ди́мой.

   — С каки́м Ди́мой?

   — Ну, _____ я учу́сь в деся́том кла́ссе.
      (with whom)

8. — Ой, здесь так мно́го наро́да. Где Андре́й?

   — Како́й Андре́й?

   — Андре́й, _____ мы встре́тили у Ната́ши.
      (whom)

9. Познако́мься, э́то ма́льчик, _____ есть больша́я соба́ка.
   (who)

10. — Кто э́то?

    — Это Ка́тя, _____ мы ви́дели на ёлке в Кремле́.
       (whom)

УПРАЖНЕНИЕ 11. Vocabulary tic-tac-toe: Find three words that have something in common. They may appear horizontally, vertically, or diagonally.

бо́льше	ме́ньше	осёл
чем	дешёвле	коза́
до́рого	набо́р	ху́же

УПРАЖНЕНИЕ 12. Read the selection below, and answer the following questions.

Мой брат собира́ет ма́рки, моя́ сестра́ лю́бит игра́ть в те́ннис, мой оте́ц собира́ет спорти́вные значки́, а у мое́й ма́мы больша́я колле́кция откры́ток. Когда́ я была́ в Москве́, я купи́ла значки́ «Футбо́л» и «Хокке́й», краси́вые откры́тки «Ру́сские города́», ма́рки «Спорт в Росси́и».

1. Кому́ я подарю́ значки́? _____

2. Кому́ я подарю́ откры́тки? _____

3. Кому́ я подарю́ ма́рки? _____

4. Кому́ я не купи́ла пода́рок? _____

УПРАЖНЕНИЕ 13. Solve this crossword puzzle:

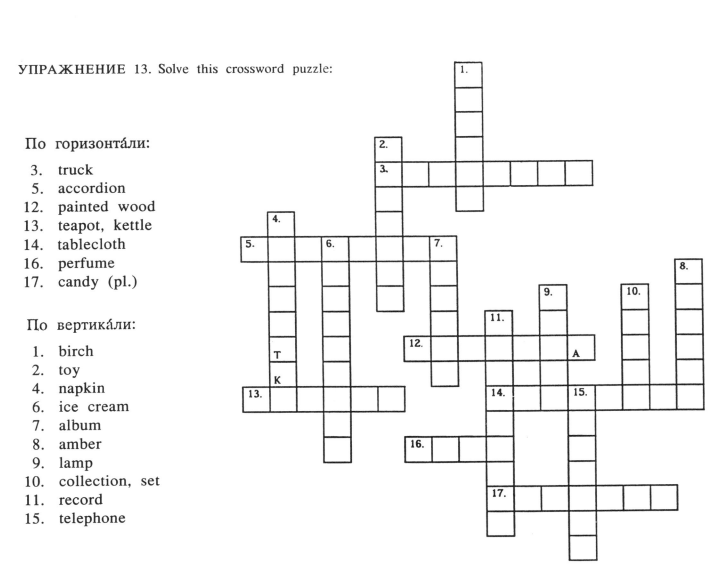

По горизонта́ли:

3. truck
5. accordion
12. painted wood
13. teapot, kettle
14. tablecloth
16. perfume
17. candy (pl.)

По вертика́ли:

1. birch
2. toy
4. napkin
6. ice cream
7. album
8. amber
9. lamp
10. collection, set
11. record
15. telephone

УПРАЖНЕНИЕ 14. Elisa's Russian friend is trying to help her with Russian. He wrote the following composition, intentionally leaving out some words for Elisa to fill in. Help her fill in the missing words.

Я рабо́таю в универма́ге «Весна́». Это большо́й магази́н. В нём мно́го _____ .
(departments)

Са́мый популя́рный — э́то «Пода́рки». Там мо́жно купи́ть мно́го _____ .
(gifts)

Здесь ча́сто быва́ют тури́сты. Они́ спра́шивают: „Что мне купи́ть для _____ ?“

и́ли „Что мне подари́ть _____ ?“ А я говорю́: „ _____ — вот
(for mother)

_____ . Для отца́ часы́. А бра́ту мо́жно купи́ть _____ :
(this purse)   (toys)

самолёт, _____ , _____ . Тури́сты спра́шивают:
(trucks)   (ball)

„Ско́лько сто́ит самолёт? Он _____?“ „Нет, оди́н сто́ит _____
(expensive)

_____ .
(1000 rubles, the other 1500 rubles)

Но _____ сто́ят _____ “.
(toy cars)   (less)

„А каки́е пода́рки у вас ещё есть для же́нщин?“ „Коне́чно, бу́сы, _____ ,
(earrings)

_____ . Янта́рные бу́сы _____ , чем други́е. Но они́ и
(rings)   (more beautiful)

_____ “. „А каки́е пода́рки _____ ?“
(more expensive)   (less expensive)

„Ну, коне́чно, откры́тки, ма́рки, плака́ты.“ „Ну, тогда́ покажи́те мне _____ .
(stamps)

У меня́ есть друг, у него́ прекра́сная _____ .
(collection of stamps)

Тепе́рь у него́ бу́дут и ру́сские ма́рки. Они́ таки́е краси́вые!“ „Есть ма́рки _____

_____ “.
(for five, ten, twenty rubles)

УПРАЖНЕНИЕ 15. Describe this picture either orally or in writing on a separate piece of paper.

Урок 19 (Девятнадцатый урок)

Сколько стоит...?

УПРАЖНЕНИЕ 1.   Что бы вы хотели купить?

Я хотел бы купить вот этого медведя.

Я хотел бы купить	вот этот	_____ .
Я хотела бы купить	вот этого	
	вот эту	
	вот это	
	вот эти	
	вот этих	

1. _____

2. _____

3. _____

4. _____

5. _____

6. _____

УПРАЖНЕНИЕ 2.   On a separate sheet of paper, write brief dialogues asking and giving the price of these items. Write out the price in words.

— Сколько стóит э́та видеокассéта?
— Шесть ты́сяч рублéй.

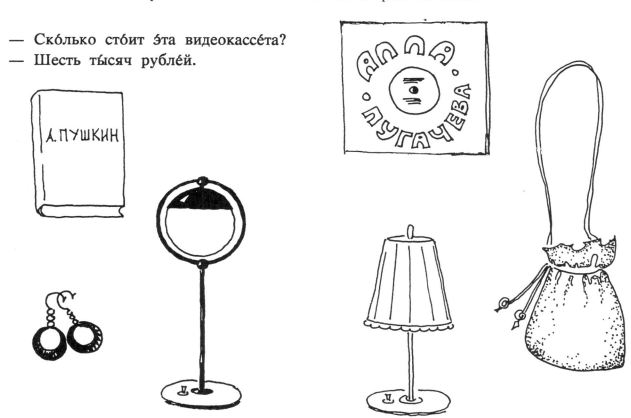

УПРАЖНЕНИЕ 3.   How would you ask a salesclerk to show you some of the items in exercise 2? Write sentences in Russian, and specify each item by price.

Покажи́те мне, пожа́луйста, вот э́тот альбóм за четы́ре ты́сячи.

1. _____

_____

2. _____

_____

3. _____

_____

УПРАЖНЕНИЕ 4.   Oral exercise. Choose appropriate words from each column to form
                 sentences. Change noun and pronoun forms as necessary.

Я возьму́ себе́ вот э́то пальто́.

Я	возьму́	себе́	вот э́тот	пальто́.
Ты	возьмём		вот э́та	плащ.
Он	возьмёте		вот э́ти	ту́фли.
Они́	возьму́т		вот э́то	брю́ки.
Мы	возьмёшь			джи́нсы.
Вы	возьмёт			ю́бка.
Она́				ко́фта.

УПРАЖНЕНИЕ 5.   Write sentences recommending the purchase of each of the items below. Change
                 adjective forms as necessary.

Э́то вку́сное пиро́жное. Возьми́ его́.

Э́то	интере́сный	альбо́м.	Возьми́	его́.
	хоро́ший	конфе́ты.	Возьми́те	её.
	вку́сный	пиро́жное.		их.
	краси́вый	кни́га.		

1. _____

2. _____

3. _____

4. _____

5. _____

6. _____

УПРАЖНЕНИЕ 6.　Oral exercise. What would you say to a salesperson if you wished to see something other than what you have been shown? Following the model, combine elements from the columns below to form questions that you might ask.

У вас есть така́я же ва́за, но друго́го цве́та?

У вас есть	тако́й же	ва́за,	но	друго́го цве́та?
	така́я же	кольцо́,		друго́й фо́рмы?
	тако́е же	сви́тер,		бо́льше?
	таки́е же	ту́фли,		ме́ньше?

УПРАЖНЕНИЕ 7.　Fill in the correct form of the perfective verb **взять**.

1. Кто _____ за́втра э́ту кни́гу в библиоте́ке?

2. Я не ви́жу мою́ су́мку. Кто _____ её?

3. Почему́ ты не хо́чешь _____ ва́зу? Это пода́рок тебе́ от меня́.

4. У тебя́ есть три я́блока. Мо́жно, я _____ одно́?

5. — Ребя́та, е́сли за́втра бу́дет дождь, _____ с собо́й ку́ртки.

   — Коне́чно, мы обяза́тельно _____ с собо́й ку́ртки.

6. Ребя́та сказа́ли, что они́ _____ с собо́й словари́.

7. За́втра бу́дет хо́лодно, вы _____ пальто́ и ша́пку?

УПРАЖНЕНИЕ 8. Fill in the blanks with the correct form of который in the plural. Add prepositions where necessary.

1. Я хочу позвонить друзьям, _____ мы встретились вчера на
   (with whom)
   стадионе.

2. Познакомьтесь, пожалуйста, это студенты, _____ я вчера
   (about whom)
   рассказывал.

3. Мы получили письмо от школьников, _____ мы ездили в
   (to whom)
   гости в прошлом году.

4. Посмотри, это ребята, _____ учатся вместе со мной.
   (who)

5. Расскажи, пожалуйста, о твоих друзьях, _____ ты вчера
   (at whose house)
   был.

6. Завтра я поеду в аэропорт встречать друзей, _____ я не
   (whom)
   видел два года.

7. Я люблю разговаривать о книгах, _____ мне нравятся.
   (which)

8. Вот номера автобусов, _____ ты можешь доехать до моего
   (on which)
   дома.

9. Мне надо повторить слова, _____ я сделал ошибки.
   (in which)

10. Учитель попросил позвонить ученикам, _____ не было на
    (who)
    уроке.

УПРАЖНЕНИЕ 9. Fill in the crossword below with names of creatures mentioned in Chukovsky's «Пу́таница».

8 П

1 К

9 К

2 П

3 М

10 С

4 В

5 Л

6 У

7 К

Name an animal from «Пу́таница» that did not fit into this puzzle:

УПРАЖНЕНИЕ 10. Fill in the missing words in this text about the students' last day in Moscow.

Последний день в Москве

В после́дний день в Москве́ ребя́та пошли́ в Изма́йлово. Они́ хоте́ли купи́ть _____
_____ сувени́ры. Пэм собира́ет матрёшки. Ей о́чень понра́вилась одна́ матрёшка. (for
themselves)

— Ско́лько она́ _____ ?
                  (costs)

— 80,000 _____ .
          (rubles)

— Нет, она́ о́чень _____ , я не _____ с собо́й так
              (expensive)   (took)
мно́го де́нег. Покажи́те, _____ , она́ ме́ньше.
                      (this one)

— Эта сто́ит 40,000 _____ .
                  (rubles)

— Хорошо́, я _____ её. А что мне купи́ть _____ ?
            (will take)   (my sister)

— Купи́ ей _____ . Вот _____ , _____
           (t-shirt)   (this one)   (for)
9,000 рубле́й.

— Я _____ 9,500.
           (will take the t-shirt for)

— Она́ не больша́я?

— Нет, она́ мне _____ .
           (just perfect)

УПРАЖНЕНИЕ 11. A week before leaving Moscow, Elisa decided to buy gifts for her Russian friends in Moscow and for friends and family back home. Help her complete her shopping list.

Кому?	Что?	За сколько?
Ру́сскому отцу́	шахматы	
Ру́сской ма́ме	ча́йник	
Ка́те	се́рьги	
Игорю	пласти́нку	

Отцу _____ _____ _____
Маме _____ _____ _____
Бабушке _____ _____ _____
Дедушке _____ _____ _____
Сестре _____ _____ _____
Брату _____ _____ _____

УПРАЖНЕНИЕ 12. Describe this picture either orally or in writing on a separate sheet of paper.

Урок 20 (Двадцатый урок)

Review of Lessons 16–19.

Numbers in parentheses refer to the chapters in the text containing information about the material covered.

УПРАЖНЕНИЕ 1.   (16) Write short dialogues following the model below.

Игорь: Который час?
Мáма: Ужé вóсемь пятнáдцать. Порá идти́ в шкóлу.

— Котóрый час?   Порá   идти́ домóй.
— Ужé...   дéлать урóки.
                                         идти́ в кинó.
                                         éхать на вокзáл.
                                         идти́ в класс.

1. _____

_____

2. _____

_____

3. _____

_____

4. _____

_____

5. _____

_____

УПРАЖНЕНИЕ 2.   (16) Oral exercise. Complete these dialogues, asking and answering questions about the time of day, using the words утра́/ве́чера and но́чи/дня. Follow the model.

Поезд пришёл в 7 часо́в.
— Утра́ и́ли ве́чера?
— В 7 часо́в утра́.
и́ли:
— В 7 часо́в ве́чера.

1. Тури́сты прие́хали в 12 часо́в.

2. Фильм начина́ется в 9 часо́в.

3. Самолёт прилете́л в 3 часа́.

4. Я приду́ в 10 часо́в.

5. Мы пое́дем на вокза́л в 8 часо́в.

УПРАЖНЕНИЕ 3.   (16) Rewrite these sentences, following the example.

Он прие́хал ве́чером, в 9 часо́в.
Он прие́хал в 9 часо́в ве́чера.

1. Ле́кция начина́ется у́тром, в 10 часо́в.

_____

2. Спекта́кль начина́ется днём, в 2 часа́.

_____

3. Го́сти приду́т ве́чером, в 6 часо́в.

_____

4. Гру́ппа прилете́ла у́тром, в 6 часо́в.

_____

УПРАЖНЕНИЕ 4.   (17) Write responses to these questions, using **че́рез** with the words in parentheses.

— Когда́ у тебя́ день рожде́ния? (два дня)
— Че́рез два дня.

1. — Когда́ прие́дут твои́ роди́тели? (три дня) _____

2. — Когда́ нача́ло уро́ка? (полчаса́) _____

3. — Ско́ро звоно́к? (10 мину́т) _____

4. — Когда́ ты пое́дешь домо́й? (час) _____

5. — Ско́ро начина́ются кани́кулы? (неде́ля) _____

6. — Когда́ вы пое́дете в Минск? (ме́сяц) _____

7. — Когда́ ты ку́пишь маши́ну? (год) _____

УПРАЖНЕНИЕ 5.   (17) Write short dialogues, following the example.

— Ты мо́жешь встре́тить меня́ за́втра в аэропорту́ в три часа́ дня?
— Вряд ли. Уро́ки в шко́ле конча́ются в 2.15. Я могу́ не успе́ть.

Ты мо́жешь Вы мо́жете	пое́хать за́втра с на́ми на экску́рсию? купи́ть по доро́ге биле́ты в кино́? прийти́ ко мне за́втра ве́чером? принести́ за́втра на уро́к магнитофо́н? пригото́вить пирожки́ с мя́сом? позвони́ть мне по́сле того́, как прие́дете домо́й?

1. _____

_____

2. _____

_____

3. _____

_____

4. _____

_____

5. _____

_____

6. _____

_____

УПРАЖНЕНИЕ 6.   (18) Fill in the blanks, using the words in parentheses.

— Какие красивые сёрьги! Это ты себе купила?
— Нет, своей подруге. Себе я купила такие же, но другого цвета.

1. — Какая красивая сумка! Это ты себе купил? (свой брат)

   — Нет, _____ . Себе я купил такую же, но другой формы.

2. — Какой красивый альбом! Это ты себе купил? (свой родители)

   — Нет, _____ . Они собирают альбомы с видами городов.

3. — Какой смешной значок! Это ты кому купил? (себя)

   — Да, _____ . Я собираю смешные значки.

4. — Какие красивые часы! Это ты себе купил? (свой друг)

   — Нет, _____ .

УПРАЖНЕНИЕ 7.   (18) Respond to each statement by asking to see a slightly different version of the item mentioned.

Этот самова́р сли́шком большо́й. У вас есть ме́ньше?

1. — Это кольцо́ сли́шком ма́ленькое.

_____

2. — Эта ю́бка сли́шком дорога́я.

_____

3. — Эти бу́сы сли́шком дешёвые.

_____

4. — Это не о́чень хоро́ший слова́рь.

_____

5. — Это плохи́е часы́.

_____

УПРАЖНЕНИЕ 8.   (18) Respond to each question below by giving your opinion.

— Кака́я матрёшка лу́чше — кра́сная и́ли зелёная?
— По-мо́ему, зелёная лу́чше, чем кра́сная.

1. — Како́й самова́р лу́чше — большо́й и́ли ма́ленький?

_____

2. — Кака́я откры́тка краси́вее — с Кремлём и́ли с Кра́сной пло́щадью?

_____

3. — Како́й журна́л интере́снее — «Rolling Stone» и́ли «Newsweek»?

_____

4. — Где зимой холоднее — в Нью-Йорке или в Чикаго?

_____

5. — Где бывает больше туристов — в Белом доме или в Кремле?

_____

УПРАЖНЕНИЕ 9.   (18) Oral exercise. Combine appropriate elements from each column to form sentences.

Эта газета пришла американским студентам.

Этот	письмо/письма	пришёл	моим родителям.
Эта	открытка/открытки	пришла	нашим друзьям.
Это	телеграмма/телеграммы	пришло	американским школьникам.
Эти	подарок/подарки	пришли	русским ребятам.

УПРАЖНЕНИЕ 10.   (19) Rewrite these lines of dialogue, following the example.

Сколько стоит вот эта игрушка? Можно её посмотреть?
Можно посмотреть вот эту игрушку? Сколько она стоит?

1. Сколько стоят вот эти очки? Можно их посмотреть?

_____

2. Сколько стоит вот этот мяч? Можно его посмотреть?

_____

3. Сколько стоит вот эта картина? Можно её посмотреть?

_____

4. Сколько стоят вот эти бусы? Можно их посмотреть?

_____

5. Сколько стоит вот это платье? Можно его посмотреть?

_____

УПРАЖНЕНИЕ 11. (19) Following the model, write on a separate sheet of paper, giving two possible negative responses. Use the words марки, открытки, значки, ёлочные игрушки in the correct cases.

— У тебя есть такой набор марок?
— Нет, такого набора у меня нет.
или:
— Нет, таких марок у меня нет.

УПРАЖНЕНИЕ 12. (18) Fill in the blanks with the possessive pronouns/adjectives мой, твой, свой, and наш in the correct form. More than one answer may be appropriate.

1. Я купил _____ другу тёплую шапку, а _____ сестре красивый браслет.

2. В Америке мы будем часто думать о _____ русских друзьях.

3. Я хотел бы познакомиться с _____ братом.

4. В Москве мы любили гулять по центру Москвы с _____ новыми друзьями.

5. Посмотри на эту фотографию. Здесь _____ родители и _____ дом.

6. Вчера мы получили большое письмо от _____ старых знакомых.

7. Я очень хотел видеть _____ собаку и _____ кота, потому что я очень люблю их.

8. У _____ дедушки есть большой красивый дом недалеко от Вашингтона.

УПРАЖНЕНИЕ 13. (18, 19) Fill in the blanks with the correct form of **который**. Add a preposition where necessary.

1. Я хочу показать книгу, _____ я купил вчера около метро

(which)
   «Парк культуры».

2. Мы пойдём в театр, _____ я тебе писал в письмах.

(about which)

3. Это мои родители, _____ я хотел тебя познакомить.

(with whom)

4. Я вчера получил письмо, _____ мой друг рассказывает о

(in which)
   своей жизни в Москве.

5. Наш класс хочет поехать в Коломенское, _____ нам очень

(which)
   нравится.

6. Сейчас я часто встречаюсь с девочкой, _____ много книг из

(who has)
   России.

7. Я хочу познакомить тебя с моим другом, _____ я знаю много

(whom)
   лет и очень люблю.

8. Наш учитель очень интересно рассказывал о Москве, _____

(in which)
   он жил и работал.

9. Мне очень нравится девочка, _____ живёт в нашем доме.

(who)

10. Я не люблю книги, _____ всё понятно и ясно на первых

(in which)
    страницах.

УПРАЖНЕНИЕ 14. Solve this crossword puzzle:

Clues:

1. telephone
2. Tuesday
3. four
4. kerchief, shawl
5. monument
6. to get as far as (by vehicle)
7. to look
8. hello summer!
9. office
10. to mean
11. (it) will be
12. breakfast
13. store window
14. department
15. thirty

УПРАЖНЕНИЕ 15. In lessons 16—19 you encountered a number of nouns that ended in -ок, -ор, -об, -ик, and -ка. Read the clues, and fill in the missing words.

-ок

1. Пора́ на уро́к, уже́ был [ ][ ][ ][о][к] .

2. Како́й твой люби́мый [ ][ ][ ][о][к] в шко́ле?

-ор

3. Покажи́те мне вот тот [ ][ ][о][р] ма́рок за сто рубле́й.

4. Пойдём в [ ][ ][ ][ ][о][р] , там мы мо́жем говори́ть.

184   *Face to Face 2*

-об

5. Отдай своё пальто в ⬜⬜⬜⬜⬜ О Б .

-ик

6. Мне нужно встать завтра в восемь часов утра, дай мне, пожалуйста, твой

⬜⬜⬜⬜⬜⬜ И К .

7. Мама купила маленькому сыну ⬜⬜⬜⬜⬜ И К .

8. Ой какой красивый ⬜⬜⬜ И К ! Ты пьёшь чай?

-ка

9. Здесь находятся чудесные книги! ⬜⬜⬜⬜⬜⬜ К А

10. Цент — доллар, ⬜⬜⬜⬜ К А — рубль.

УПРАЖНЕНИЕ 16. Fill in the names of school subjects horizontally. See Lesson 16 for clues. The first letter of each word is given for you.

Х				
Ф				
И				
Ч				
Г				
А				
Ф				
Р				
П				

Solving Rebuses

Rebuses are pictures or words, whose letters help us to find "hidden" words or expressions. For example:

the hidden word here is
у́лица (pl. of лицо́)

Here are some rules for solving rebuses:

1. The number of single quotation marks (') before or after a picture signify how many letters are taken away from the beginning or end of the word shown. (' = remove one letter; '' = remove two letters, etc.)

For example: ' 100 is read as то   (э̸то)

and 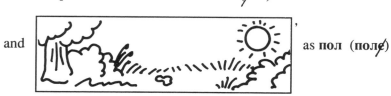 as пол (пол̸е)

2. It is possible to change letters in a word:

п    = площадь   щ (ло̸щадь)

3. Letters can be drawn over or inside other letters and so are read:

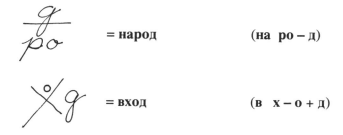   = народ   (на ро – д)

   = вход   (в х – о + д)